G. Recht (Herausgeber)

D1722007

Wirtschaftsprüferordnung - WiPrO

4. Auflage 2019, Stand: 21. Juni 2019

Copyright © Juni 2019 by

G. Recht (Herausgeber),

Auenweg 13,

06217 Merseburg, Deutschland.

E-Mail: G.Recht(at)gmx.net

ISBN-13: 978 - 1075397684

ISBN-10: 1075397685

Titelbild: © G. Recht

Produktion und Vertrieb:

CreateSpace, 4900 LaCross Road, North Charleston,

SC 29406, USA, *www.createspace.com*

Inhaltsverzeichnis

Gesetz über eine Berufsordnung der Wirtschaftsprüfer (Wirtschaftsprüferordnung - WiPrO)

Zweiter Abschnitt

Dritter Abschnitt

Vierter Abschnitt **36**

Fünfter Abschnitt

Vierter Teil

Organisation des Berufs 83

Fünfter Teil

Berufsaufsicht 108

Sechster Teil

Berufsgerichtsbarkeit.. **132**

Erster Abschnitt

Berufsgerichtliche Entscheidung **132**

Zweiter Abschnitt

Die Gerichte.. **133**

Dritter Abschnitt

Zehnter Teil

Straf- und Bußgeldvorschriften 165

Elfter Teil

Übergangs- und Schlußvorschriften 168

Anlage (zu § 122 Satz 1)

Gesetz über eine Berufsordnung der Wirtschaftsprüfer (Wirtschaftsprüferordnung - WiPrO)

WiPrO

Ausfertigungsdatum: 24.07.1961

Vollzitat:

"Wirtschaftsprüferordnung in der Fassung der Bekanntmachung vom 5. November 1975 (BGBl. I S. 2803), das zuletzt durch Artikel 9 des Gesetzes vom 30. Oktober 2017 (BGBl. I S. 3618) geändert worden ist"

Stand:

Neugefasst durch Bek. v. 5.11.1975 I 2803;

Zuletzt geändert durch Art. 9 G v. **30.10.2017** I 3618

Fußnote

(+++ Textnachweis ab: 5.11.1975 +++)
(+++ Zur Anwendung d. § 14a F 2003-12-01 vgl. § 135 F 2003-12-01 +++)
(+++ Zur Anwendung d. § 57a Abs. 3a u. Abs. 4 vgl. § 63f Abs. 3 GenG +++)
(+++ Zur Anwendung d. § 57a Abs. 5, 5b, 6, 6a u. 8 vgl. § 63g Abs. 2 GenG +++)
(+++ Zur Anwendung d. § 57a Abs. 7 vgl. § 63g Abs. 1 GenG +++)
(+++ Zur Anwendung d. §§ 57b bis 57d vgl. § 63g Abs. 2 GenG +++)
(+++ Zur Anwendung d. § 57e Abs. 1, 2 u. 3 vgl. § 63g Abs. 2 GenG +++)
(+++ Zur Anwendung d. § 66a Abs. 1, 3 u. 5 vgl. § 63g Abs. 2 GenG +++)

(+++ Zur Anwendung d. § 66b vgl. § 63g Abs. 2 GenG +++)

(+++ Maßgaben aufgrund des EinigVtr vgl. WiPrO Anhang EV;
Maßgaben nicht mehr anzuwenden +++)

(+++ Amtlicher Hinweis des Normgebers auf EG-Recht:
Umsetzung der
EGRL 123/2006 (CELEX Nr: 32006L0123) vgl. G v. 22.12.2010 I 2248
+++)

Erster Teil

Allgemeine Vorschriften

§ 1 Wirtschaftsprüfer und Wirtschaftsprüfungsgesellschaften

(1)   Wirtschaftsprüfer oder Wirtschaftsprüferinnen (Berufsangehörige) sind Personen, die als solche öffentlich bestellt sind. Die Bestellung setzt den Nachweis der persönlichen und fachlichen Eignung im Zulassungs- und staatlichen Prüfungsverfahren voraus.

(2)   Der Wirtschaftsprüfer übt einen freien Beruf aus. Seine Tätigkeit ist kein Gewerbe.

(3)   Wirtschaftsprüfungsgesellschaften bedürfen der Anerkennung. Die Anerkennung setzt den Nachweis voraus, daß die Gesellschaft von Wirtschaftsprüfern verantwortlich geführt wird.

§ 2 Inhalt der Tätigkeit

(1)   Wirtschaftsprüfer haben die berufliche Aufgabe, betriebswirtschaftliche Prüfungen, insbesondere solche von Jahresabschlüssen wirtschaftlicher Unternehmen, durchzuführen und

Bestätigungsvermerke über die Vornahme und das Ergebnis solcher Prüfungen zu erteilen.

(2)   Wirtschaftsprüfer sind befugt, ihre Auftraggeber in steuerlichen Angelegenheiten nach Maßgabe der bestehenden Vorschriften zu beraten und zu vertreten.

(3)   Wirtschaftsprüfer sind weiter nach Maßgabe der bestehenden Vorschriften befugt

1.   unter Berufung auf ihren Berufseid auf den Gebieten der wirtschaftlichen Betriebsführung als Sachverständige aufzutreten;

2.   in wirtschaftlichen Angelegenheiten zu beraten und fremde Interessen zu wahren;

3.   zur treuhänderischen Verwaltung.

§ 3 Berufliche Niederlassung

(1)   Berufsangehörige müssen unmittelbar nach der Bestellung eine berufliche Niederlassung begründen und eine solche unterhalten; wird die Niederlassung in einem Staat begründet, der nicht Mitgliedstaat der Europäischen Union oder Vertragsstaat des Abkommens über den europäischen Wirtschaftsraum (Drittstaat) oder die Schweiz ist, muss eine zustellungsfähige Anschrift im Inland unterhalten werden. Berufliche Niederlassung eines Berufsangehörigen ist die Praxis, von der aus er seinen Beruf überwiegend ausübt.

(2)   Bei Wirtschaftsprüfungsgesellschaften ist Sitz der Hauptniederlassung der Verwaltungssitz der Gesellschaft.

(3)   Berufsangehörige und Wirtschaftsprüfungsgesellschaften dürfen Zweigniederlassungen nach den Vorschriften dieses Gesetzes begründen.

§ 4 Wirtschaftsprüferkammer

(1)   Zur Erfüllung der beruflichen Selbstverwaltungsaufgaben wird eine Kammer der Wirtschaftsprüfer gebildet; diese wird bei der Prüfung und der Eignungsprüfung, der Bestellung, der Anerkennung, dem Widerruf und der Registrierung, der Beaufsichtigung der kontinuierlichen Fortbildung, der Berufsaufsicht und der Qualitätskontrolle sowie bei dem Erlass von Berufsausübungsregelungen (§ 57 Abs. 3, § 57c) in mittelbarer Staatsverwaltung tätig; die Zuständigkeit der Abschlussprüferaufsichtsstelle beim Bundesamt für Wirtschaft und Ausfuhrkontrolle (Abschlussprüferaufsichtsstelle) bleibt unberührt. Sie führt die Bezeichnung "Wirtschaftsprüferkammer".

(2)   Die Wirtschaftsprüferkammer ist eine Körperschaft des öffentlichen Rechts. Ihr Sitz bestimmt sich nach ihrer Satzung.

(3)   Die Wirtschaftsprüferkammer kann Landesgeschäftsstellen errichten.

§ 4a Verfahren über eine einheitliche Stelle

Die Verwaltungsverfahren in öffentlich-rechtlichen und berufsrechtlichen Angelegenheiten, die in diesem Gesetz oder in einer auf Grund dieses Gesetzes erlassenen Rechtsverordnung geregelt werden, können über eine einheitliche Stelle nach den Vorschriften des Verwaltungsverfahrensgesetzes abgewickelt werden.

§ 4b Frist für den Erlass von Verwaltungsakten

Über Anträge auf Erteilung eines Verwaltungsaktes durch die Wirtschaftsprüferkammer ist innerhalb einer Frist von drei Monaten zu entscheiden, soweit keine kürzere Frist vorgesehen ist; § 42a Absatz 2 Satz 2 bis 4 des Verwaltungsverfahrensgesetzes gilt entsprechend. In den Fällen des § 16a und des § 20a beginnt die Frist erst mit der Vorlage des ärztlichen Gutachtens.

Zweiter Teil

Voraussetzung für die Berufsausübung

Erster Abschnitt

Zulassung zur Prüfung

§ 5 Prüfungsstelle, Rechtsschutz

(1)   Die Wirtschaftsprüferkammer richtet zur Erfüllung der ihr nach dem Zweiten und Neunten Teil dieses Gesetzes obliegenden Aufgaben für das Zulassungs- und staatliche Prüfungsverfahren eine "Prüfungsstelle für das Wirtschaftsprüfungsexamen bei der Wirtschaftsprüferkammer" (Prüfungsstelle) ein.

(2)   Die Prüfungsstelle ist eine selbstständige Verwaltungseinheit bei der Wirtschaftsprüferkammer. Die Prüfungsstelle wird von einer Person geleitet, welche die Befähigung zum Richteramt haben muss (Leitung der Prüfungsstelle). Die Prüfungsstelle ist bei der Erfüllung ihrer Aufgaben an Weisungen nicht gebunden.

(3)   Die Prüfungsstelle kann bei der Durchführung ihrer Aufgaben die Landesgeschäftsstellen der Wirtschaftsprüferkammer einbeziehen.

(4)   Die Prüfungsstelle unterstützt die Aufgabenkommission, die Prüfungskommission und die Widerspruchskommission.

(5)   Über den Widerspruch gegen Bescheide, die im Rahmen des Zulassungs- und Prüfungsverfahrens erlassen worden sind, entscheidet die Widerspruchskommission.

§ 6 Verbindliche Auskunft

Auf Antrag erteilt die Prüfungsstelle eine verbindliche Auskunft über die Erfüllung einzelner Voraussetzungen für die Zulassung zur Prüfung, für die Befreiung von Zulassungsvoraussetzungen und für die Anrechung von Prüfungsleistungen.

§ 7 Antrag auf Zulassung zur Prüfung

Der Antrag auf Zulassung zur Prüfung ist schriftlich oder elektronisch an die Prüfungsstelle zu richten.

§ 8 Voraussetzungen für die Zulassung (Vorbildung)

(1)   Die Zulassung setzt den Nachweis einer abgeschlossenen Hochschulausbildung voraus.

(2)   Auf den Nachweis einer abgeschlossenen Hochschulausbildung kann verzichtet werden, wenn die Bewerbenden

1.   sich in mindestens zehnjähriger Tätigkeit als Beschäftigte bei Berufsangehörigen, einer Wirtschaftsprüfungsgesellschaft, vereidigten Buchprüfern oder vereidigten Buchprüferinnen, einer Buchprüfungsgesellschaft, einem genossenschaftlichen Prüfungsverband oder der Prüfungsstelle eines Sparkassen- und Giroverbandes oder einer überörtlichen Prüfungseinrichtung für

Körperschaften und Anstalten des öffentlichen Rechts bewährt haben;

2. mindestens fünf Jahre den Beruf als vereidigter Buchprüfer oder vereidigte Buchprüferin oder als Steuerberater oder Steuerberaterin ausgeübt haben.

(3) Wurde die Hochschulausbildung außerhalb des Geltungsbereiches dieses Gesetzes abgeschlossen, so muss das Abschlusszeugnis gleichwertig sein.

§ 8a Anerkannte Hochschulausbildungsgänge, Rechtsverordnung

(1) Hochschulausbildungsgänge,

1. die alle Wissensgebiete nach § 4 der Wirtschaftsprüferprüfungsverordnung umfassen,

2. die mit einer Hochschulprüfung oder einer staatlichen Prüfung abschließen und

3. in denen Prüfungen einzelner Wissensgebiete, für die ein Leistungsnachweis ausgestellt wird, in Inhalt, Form und Umfang einer Prüfung im Wirtschaftsprüfungsexamen entsprechen,

können auf Antrag der Hochschule von der in der Rechtsverordnung nach Absatz 3 bestimmten Stelle als zur Ausbildung von Berufsangehörigen besonders geeignet anerkannt werden.

(2) Leistungsnachweise, die in Prüfungen nach Absatz 1 Nr. 3 erbracht wurden, ersetzen die entsprechenden Prüfungen im Wirtschaftsprüfungsexamen. Die Leistungsnachweise sind der Prüfungsstelle vorzulegen.

(3)   Das Bundesministerium für Wirtschaft und Energie bestimmt durch Rechtsverordnung mit Zustimmung des Bundesrates die für die Anerkennung zuständige Stelle. In der Rechtsverordnung kann es ferner

1.   die Voraussetzungen der Anerkennung näher bestimmen, insbesondere das Verfahren zur Feststellung, ob Wissensgebiete des Hochschulausbildungsgangs denen nach § 4 der Wirtschaftsprüferprüfungsverordnung entsprechen,

2.   Einzelheiten des Anerkennungsverfahrens, insbesondere die dem Antrag beizufügenden Unterlagen, und die Bekanntmachung der Anerkennung regeln sowie

3.   die Voraussetzungen der frühzeitigen Zulassung zur Prüfung nach § 9 Abs. 6, insbesondere die dem Antrag beizufügenden Unterlagen, bestimmen.

§ 9 Voraussetzungen für die Zulassung (Prüfungstätigkeit)

(1)   Die Zulassung setzt eine für die Ausübung des Berufes genügende praktische Ausbildung (Tätigkeit) voraus. Bewerbende mit abgeschlossener Hochschulausbildung haben eine wenigstens dreijährige Tätigkeit bei einer in § 8 Abs. 2 Nr. 1 genannten Stelle nachzuweisen. Beträgt die Regelstudienzeit der Hochschulausbildung weniger als acht Semester, verlängert sich die Tätigkeit auf vier Jahre; eine darüber hinausgehende Tätigkeit wird nicht gefordert. Die Tätigkeit muss nach Erwerb des ersten berufsqualifizierenden Hochschulabschlusses erbracht werden; Absatz 6 bleibt unberührt.

(2)   Von ihrer gesamten Tätigkeit müssen die Bewerbenden wenigstens während der Dauer zweier Jahre überwiegend an Abschlussprüfungen teilgenommen und bei der Abfassung der

Prüfungsberichte mitgewirkt haben (Prüfungstätigkeit). Sie sollen während dieser Zeit insbesondere an gesetzlich vorgeschriebenen Abschlussprüfungen teilgenommen und an der Abfassung der Prüfungsberichte hierüber mitgewirkt haben. Die Prüfungstätigkeit muss

1. im Falle des § 8 Abs. 2 Nr. 1 nach dem fünften Jahr der Mitarbeit abgeleistet werden;

2. im Falle des § 8 Abs. 2 Nr. 2 während oder nach der beruflichen Tätigkeit als vereidigter Buchprüfer oder vereidigte Buchprüferin oder als Steuerberater oder Steuerberaterin abgeleistet werden.

Das Erfordernis der Prüfungstätigkeit ist erfüllt, wenn die Bewerbenden nachweislich in fremden Unternehmen materielle Buch- und Bilanzprüfungen nach betriebswirtschaftlichen Grundsätzen durchgeführt haben. Als fremd gilt ein Unternehmen, mit dem die Bewerbenden weder in einem Leitungs- noch in einem Anstellungsverhältnis stehen oder gestanden haben.

(3) Die Prüfungstätigkeit muss ausgeübt worden sein in Mitarbeit bei

1. Berufsangehörigen,

2. Wirtschaftsprüfungsgesellschaften,

3. vereidigten Buchprüfern oder vereidigten Buchprüferinnen,

4. Buchprüfungsgesellschaften,

5. genossenschaftlichen Prüfungsverbänden, in denen ein Berufsangehöriger tätig ist,

6. Prüfungsstellen von Sparkassen- und Giroverbänden, in denen ein Berufsangehöriger tätig ist,

7. überörtlichen Prüfungseinrichtungen für Körperschaften und Anstalten des öffentlichen Rechts, in denen ein Berufsangehöriger tätig ist, oder

8. in einem anderen Mitgliedstaat der Europäischen Union oder in einem anderen Vertragsstaat des Abkommens über den Europäischen Wirtschaftsraum zugelassenen Abschlussprüfern oder Abschlussprüferinnen (EU- oder EWR-Abschlussprüfern) oder dort zugelassenen Prüfungsgesellschaften (EU- oder EWR-Abschlussprüfungsgesellschaften).

(4) Der Nachweis der Tätigkeit wie auch der Prüfungstätigkeit entfällt für Bewerbende, die seit mindestens 15 Jahren den Beruf als Steuerberater oder Steuerberaterin oder als vereidigter Buchprüfer oder vereidigte Buchprüferin ausgeübt haben; dabei sind bis zu zehn Jahre Berufstätigkeit als Steuerbevollmächtigter oder Steuerbevollmächtigte anzurechnen.

(5) Eine Revisorentätigkeit in größeren Unternehmen oder eine Tätigkeit als Steuerberater oder Steuerberaterin oder in einem Prüfungsverband nach § 26 Abs. 2 des Kreditwesengesetzes oder eine mit der Prüfungstätigkeit in Zusammenhang stehende Tätigkeit bei der Wirtschaftsprüferkammer, bei der Abschlussprüferaufsichtsstelle oder bei einer Personenvereinigung nach § 43a Absatz 1 Nummer 9 kann bis zur Höchstdauer von einem Jahr auf die Tätigkeit nach Absatz 1 angerechnet werden. Dasselbe gilt für prüfende Personen im öffentlichen Dienst, sofern sie nachweislich selbstständig Prüfungen von größeren Betrieben durchgeführt haben. Eine Tätigkeit im Ausland ist auf die Tätigkeit nach Absatz 1 anzurechnen, wenn sie bei einer Person, die in dem ausländischen Staat als sachverständiger Prüfer ermächtigt oder bestellt ist, abgeleistet wurde und wenn die Voraussetzungen für die Ermächtigung oder Bestellung den Vorschriften dieses Gesetzes im Wesentlichen entsprechen.

(6)   Bewerber und Bewerberinnen, die einen nach § 8a anerkannten Hochschulausbildungsgang abgeschlossen haben, können ohne Nachweis der Tätigkeit nach Absatz 1 und der Prüfungstätigkeit nach Absatz 2 bereits zu einem früheren Zeitpunkt zur Prüfung zugelassen werden.

§§ 10, 10a und 11 (weggefallen)

§ 11a (weggefallen)

Zweiter Abschnitt

Prüfung

§ 12 Prüfungskommission und Gliederung der Prüfung

(1)   Die Prüfung wird vor der Prüfungskommission abgelegt.

(2)   Die Prüfung gliedert sich in eine schriftliche und eine mündliche Prüfung.

(3)   An alle Bewerber sind ohne Rücksicht auf ihren beruflichen Werdegang gleiche Anforderungen zu stellen.

§ 13 Verkürzte Prüfung für Steuerberater

Steuerberater und Bewerber, die die Prüfung als Steuerberater bestanden haben, können die Prüfung in verkürzter Form ablegen. Bei der Prüfung in verkürzter Form entfällt die schriftliche und mündliche Prüfung im Steuerrecht.

§ 13a Verkürzte Prüfung für vereidigte Buchprüfer

(1) Vereidigte Buchprüfer und vereidigte Buchprüferinnen können die Prüfung in verkürzter Form ablegen.

(2) Bei der verkürzten Prüfung entfällt die schriftliche und mündliche Prüfung in

1. Angewandter Betriebswirtschaftslehre und Volkswirtschaftslehre sowie

2. in jenen Bereichen der Gebiete Wirtschaftliches Prüfungswesen, Unternehmensbewertung und Berufsrecht sowie Wirtschaftsrecht, die bereits Gegenstand des Buchprüferexamens nach § 131a Absatz 2 dieses Gesetzes in der Fassung des Artikels 6 Nummer 16 des Bilanzrichtliniengesetzes vom 19. Dezember 1985 (BGBl. I S. 2355) waren.

Für vereidigte Buchprüfer und vereidigte Buchprüferinnen, die Steuerberater oder Steuerberaterinnen sind, entfällt über Satz 1 hinaus die schriftliche und mündliche Prüfung im Steuerrecht. Für vereidigte Buchprüfer und vereidigte Buchprüferinnen, die Rechtsanwälte oder Rechtsanwältinnen sind, entfällt über Satz 1 hinaus die vollständige schriftliche und mündliche Prüfung im Wirtschaftsrecht.

§ 13b Verkürzte Prüfung nach Anrechnung gleichwertiger Prüfungsleistungen, Rechtsverordnung

Prüfungsleistungen, die im Rahmen einer Hochschulausbildung erbracht werden, werden angerechnet, wenn ihre Gleichwertigkeit in Inhalt, Form und Umfang mit den in § 4 der Wirtschaftsprüferprüfungsverordnung aufgeführten Anforderungen der Prüfungsgebiete Angewandte Betriebswirtschaftslehre, Volkswirtschaftslehre oder Wirtschaftsrecht im Zulassungsverfahren durch die Prüfungsstelle festgestellt wird. Bei der Prüfung in verkürzter

Form entfällt die schriftliche und mündliche Prüfung in dem entsprechenden Prüfungsgebiet. Das Bundesministerium für Wirtschaft und Energie wird ermächtigt, durch Rechtsverordnung mit Zustimmung des Bundesrates die inhaltlichen und formalen Voraussetzungen für die Feststellung der Gleichwertigkeit und das Verfahren festzulegen.

§ 14 Einzelheiten des Prüfungsverfahrens

Das Bundesministerium für Wirtschaft und Energie regelt durch Rechtsverordnung

1.   die Einrichtung der Prüfungskommission, der Aufgabenkommission und der Widerspruchskommission, in denen jeweils eine Person, die eine für die Wirtschaft zuständige oder eine andere oberste Landesbehörde vertritt, den Vorsitz hat, die Zusammensetzung und die Berufung ihrer Mitglieder;

2.   die Einzelheiten der Prüfungsaufgabenfindung, der Prüfung und des Prüfungsverfahrens, insbesondere die dem Antrag auf Zulassung zur Prüfung beizufügenden Unterlagen, und die Prüfungsgebiete;

3.   die schriftliche und mündliche Prüfung, Rücktritt und Ausschluss von der Prüfung, Prüfungsergebnis, Ergänzungsprüfung, Wiederholung der Prüfung und die Mitteilung des Prüfungsergebnisses.

Die Rechtsverordnung bedarf nicht der Zustimmung des Bundesrates.

§ 14a Zulassungsgebühr, Prüfungsgebühr

Für alle Zulassungs- und Prüfungsverfahren und für erfolglose Widerspruchsverfahren sind Gebühren an die

Wirtschaftsprüferkammer zu zahlen; die Wirtschaftsprüferkammer kann die Erhebung der Gebühren sowie deren Höhe und Fälligkeit bestimmen. Näheres regelt die Gebührenordnung der Wirtschaftsprüferkammer (§ 61 Abs. 2).

Fußnote

(+++ § 14a: Zur Anwendung vgl. § 135 (F 2003-12-01) +++)

§§ 14b und 14c (weggefallen)

Dritter Abschnitt

Bestellung

§ 15 Bestellungsbehörde

Nach bestandener Prüfung wird der Bewerber auf Antrag durch Aushändigung einer von der Wirtschaftsprüferkammer ausgestellten Urkunde als Wirtschaftsprüfer bestellt. Zuständig ist die Wirtschaftsprüferkammer. Wird der Antrag auf Bestellung als Wirtschaftsprüfer nicht innerhalb von fünf Jahren nach bestandener Prüfung gestellt, so finden auf die Bestellung die Vorschriften des § 23 Abs. 2 und 3 entsprechende Anwendung. Wer gemäß § 9 Abs. 6 zugelassen wurde, hat vor der Bestellung den Nachweis der insgesamt dreijährigen Tätigkeit nach § 9 Abs. 1, einschließlich der Prüfungstätigkeit nach § 9 Abs. 2, vorzulegen.

§ 16 Versagung der Bestellung

(1)   Die Bestellung ist zu versagen,

1. wenn nach der Entscheidung des Bundesverfassungsgerichts ein Grundrecht verwirkt wurde;

2. wenn infolge strafgerichtlicher Verurteilung die Fähigkeit zur Bekleidung öffentlicher Ämter nicht gegeben ist;

3. solange kein Nachweis über den Abschluss einer nach § 54 Absatz 1 notwendigen Versicherung vorliegt;

4. wenn sich der Bewerber oder die Bewerberin eines Verhaltens schuldig gemacht hat, das die Ausschließung aus dem Beruf rechtfertigen würde;

5. wenn der Bewerber oder die Bewerberin aus gesundheitlichen oder anderen Gründen nicht nur vorübergehend nicht in der Lage ist, den Beruf ordnungsgemäß auszuüben;

6. solange eine Tätigkeit ausgeübt wird, die mit dem Beruf nach § 43 Absatz 2 Satz 1, § 43a Absatz 3 Satz 1 oder § 44a Satz 1 unvereinbar und nicht nach § 43a Absatz 3 Satz 2 oder 3 oder § 44a Satz 2 genehmigungsfähig ist;

7. wenn sich der Bewerber oder die Bewerberin in nicht geordneten wirtschaftlichen Verhältnissen, insbesondere in Vermögensverfall befindet; ein Vermögensverfall wird vermutet, wenn ein Insolvenzverfahren über das Vermögen eröffnet oder eine Eintragung in das vom Vollstreckungsgericht zu führende Verzeichnis (§ 26 Abs. 2 der Insolvenzordnung, § 882b der Zivilprozessordnung) vorliegt.

(2)   Die Bestellung kann versagt werden, wenn der Bewerber sich so verhalten hat, dass die Besorgnis begründet ist, er werde den Berufspflichten als Wirtschaftsprüfer nicht genügen.

(3)   Über die Versagung der Bestellung entscheidet die Wirtschaftsprüferkammer.

§ 16a Ärztliches Gutachten im Bestellungsverfahren

(1)   Wenn es zur Entscheidung über den Versagungsgrund des § 16 Abs. 1 Nr. 5 erforderlich ist, gibt die Wirtschaftsprüferkammer dem Bewerber oder der Bewerberin auf, innerhalb einer bestimmten angemessenen Frist ein Gutachten eines bestimmten Arztes oder einer bestimmten Ärztin über den Gesundheitszustand des Bewerbers oder der Bewerberin vorzulegen. Das Gutachten muss auf einer Untersuchung und, wenn dies ein Amtsarzt oder eine Amtsärztin für notwendig hält, auch auf einer klinischen Beobachtung des Bewerbers oder der Bewerberin beruhen. Die Kosten des Gutachtens hat der Bewerber oder die Bewerberin zu tragen.

(2)   Anordnungen nach Absatz 1 sind mit Gründen zu versehen und dem Bewerber oder der Bewerberin zuzustellen. Gegen die Anordnungen kann innerhalb eines Monats nach der Zustellung ein Antrag auf gerichtliche Entscheidung gestellt werden.

(3)   Kommt der Bewerber oder die Bewerberin ohne ausreichenden Grund der Anordnung der Wirtschaftsprüferkammer nicht nach, gilt der Antrag auf Bestellung als zurückgenommen.

§ 17 Berufsurkunde und Berufseid

(1)   Bewerber haben vor Aushändigung der Urkunde den Berufseid vor der Wirtschaftsprüferkammer oder einer von ihr im Einzelfall beauftragten Stelle zu leisten. Die Eidesformel lautet:
"Ich schwöre, daß ich die Pflichten eines Wirtschaftsprüfers verantwortungsbewußt und sorgfältig erfülle, insbesondere Verschwiegenheit bewahren und Prüfungsberichte und Gutachten

gewissenhaft und unparteiisch erstatten werde, so wahr mir Gott helfe".

(2)   Der Eid kann auch ohne religiöse Beteuerung geleistet werden.

(3)   Gestattet ein Gesetz den Mitgliedern einer Religionsgesellschaft an Stelle des Eides andere Beteuerungsformeln zu gebrauchen, so kann der Bewerber, der Mitglied einer solchen Religionsgesellschaft ist, diese Beteuerungsformel sprechen.

§ 18 Berufsbezeichnung

(1)   Wirtschaftsprüfer haben im beruflichen Verkehr die Berufsbezeichnung "Wirtschaftsprüfer" zu führen. Frauen können die Berufsbezeichnung "Wirtschaftsprüferin" führen. Werden Erklärungen im Rahmen von Tätigkeiten nach § 2 Abs. 1, die Berufsangehörigen gesetzlich vorbehalten sind, abgegeben, so dürfen diese Erklärungen unter Verwendung nur der Berufsbezeichnung und zusätzlich mit einem amtlich verliehenen ausländischen Prüfertitel unterzeichnet werden.

(2)   Akademische Grade und Titel und Zusätze, die auf eine staatlich verliehene Graduierung hinweisen, können neben der Berufsbezeichnung geführt werden. Amts- und Berufsbezeichnungen sind zusätzlich gestattet, wenn sie amtlich verliehen worden sind und es sich um Bezeichnungen für eine Tätigkeit handelt, die neben der Tätigkeit des Wirtschaftsprüfers ausgeübt werden darf (§ 43a); zulässig sind auch Fachanwaltsbezeichnungen. Zusätzlich gestattet sind auch in anderen Staaten zu Recht geführte Berufsbezeichnungen für die Tätigkeit als gesetzlicher Abschlußprüfer oder für eine Tätigkeit, die neben der Tätigkeit als Wirtschaftsprüfer ausgeübt werden darf.

(3)   Mit dem Erlöschen, der Rücknahme oder dem Widerruf der Bestellung oder während einer Beurlaubung erlischt die Befugnis, die

Berufsbezeichnung zu führen. Die Berufsbezeichnung darf auch nicht mit einem Zusatz, der auf die frühere Berechtigung hinweist, geführt werden.

(4)   Die Wirtschaftsprüferkammer kann Berufsangehörigen, die wegen hohen Alters oder wegen körperlicher Leiden auf die Rechte aus der Bestellung verzichten und keine berufliche Tätigkeit mehr ausüben, auf Antrag die Erlaubnis erteilen, weiterhin die Berufsbezeichnung zu führen. Die Wirtschaftsprüferkammer kann diese Erlaubnis zurücknehmen oder widerrufen, wenn nachträglich Umstände bekannt werden oder eintreten, die das Erlöschen, die Rücknahme oder den Widerruf der Bestellung nach sich ziehen würden oder zur Ablehnung der Erlaubnis hätten führen können. Vor der Rücknahme oder dem Widerruf der Erlaubnis ist der oder die Betroffene zu hören.

§ 19 Erlöschen der Bestellung

(1)   Die Bestellung erlischt durch

1.   Tod,

2.   Verzicht,

3.   unanfechtbare Ausschließung aus dem Beruf.

(2)   Der Verzicht ist schriftlich gegenüber der Wirtschaftsprüferkammer zu erklären.

§ 20 Rücknahme und Widerruf der Bestellung

(1)   Die Bestellung ist mit Wirkung für die Zukunft zurückzunehmen, wenn nachträglich Tatsachen bekanntwerden, bei deren Kenntnis die Bestellung hätte versagt werden müssen.

(2)   Die Bestellung ist zu widerrufen, wenn Berufsangehörige

1. nicht eigenverantwortlich tätig sind oder eine Tätigkeit ausüben, die mit dem Beruf nach § 43 Absatz 2 Satz 1, § 43a Absatz 3 Satz 1 oder § 44a Satz 1 unvereinbar ist und nicht nach § 43a Absatz 3 Satz 2 oder 3 oder § 44a Satz 2 genehmigt ist;

2. infolge strafgerichtlicher Verurteilung die Fähigkeit zur Bekleidung öffentlicher Ämter verloren haben;

3. aus gesundheitlichen oder anderen Gründen nicht nur vorübergehend nicht in der Lage sind, den Beruf ordnungsgemäß auszuüben;

4. nicht den nach § 54 Absatz 1 notwendigen Versicherungsschutz unterhalten oder diesen innerhalb der letzten fünf Jahre wiederholt mit nennenswerter Dauer nicht aufrechterhalten haben und diese Unterlassung auch zukünftig zu befürchten ist;

5. sich in nicht geordneten wirtschaftlichen Verhältnissen, insbesondere in Vermögensverfall (§ 16 Abs. 1 Nr. 7) befinden;

6. keine berufliche Niederlassung nach § 3 Absatz 1 Satz 1 unterhalten;

7. nach der Entscheidung des Bundesverfassungsgerichts ein Grundrecht verwirkt haben.

(3) Berufsangehörige, die eine unvereinbare Tätigkeit nach § 43a Absatz 3 Satz 1 oder § 44a Satz 1 ausüben, haben dies der Wirtschaftsprüferkammer unverzüglich anzuzeigen. Der Wirtschaftsprüferkammer sind auf Verlangen die Unterlagen über ein Anstellungsverhältnis vorzulegen.

(4) In den Fällen des Absatzes 2 Nummer 1 und 4 ist von einem Widerruf abzusehen, wenn anzunehmen ist, dass die Berufsangehörigen künftig eigenverantwortlich tätig sein, die nach § 43

Absatz 2 Satz 1, § 43a Absatz 3 Satz 1 oder § 44a Satz 1 unvereinbare Tätigkeit dauernd aufgeben oder die vorgeschriebene Haftpflichtversicherung künftig laufend unterhalten werden. Den Berufsangehörigen kann hierfür eine angemessene Frist gesetzt werden. Kommen sie ihrer Verpflichtung innerhalb der gesetzten Frist nicht nach, so ist der Widerruf der Bestellung auszusprechen. Von einem Widerruf in den Fällen des Absatzes 2 Nr. 5 kann abgesehen werden, wenn der Wirtschaftsprüferkammer nachgewiesen wird, dass durch die nicht geordneten wirtschaftlichen Verhältnisse die Interessen Dritter nicht gefährdet sind.

(5)   (weggefallen)

(6)   Sind Berufsangehörige wegen einer psychischen Krankheit oder einer körperlichen, geistigen oder seelischen Behinderung zur Wahrnehmung ihrer Rechte in dem Verfahren nicht in der Lage, bestellt das Betreuungsgericht auf Antrag der Wirtschaftsprüferkammer einen Betreuer als gesetzlichen Vertreter in dem Verfahren; die Vorschriften des Gesetzes über das Verfahren in Familiensachen und in den Angelegenheiten der freiwilligen Gerichtsbarkeit bei der Anordnung einer Betreuung nach den §§ 1896ff. des Bürgerlichen Gesetzbuches sind entsprechend anzuwenden. Zum Betreuer soll ein Berufsangehöriger oder eine Berufsangehörige bestellt werden.

(7)   Entfällt die aufschiebende Wirkung einer Anfechtungsklage, sind § 116Abs. 2 bis 4, § 117 Abs. 2 und § 121 entsprechend anzuwenden. Die Anfechtungsklage gegen einen Widerruf aus den Gründen des Absatzes 2 Nr. 4 hat keine aufschiebende Wirkung.

§ 20a Ärztliches Gutachten im Widerrufsverfahren

Im Verfahren wegen des Widerrufs der Bestellung nach § 20 Abs. 2 Nr. 3 ist § 16a Abs. 1 und 2 entsprechend anzuwenden. Wird das Gutachten ohne zureichenden Grund nicht innerhalb der von der

Wirtschaftsprüferkammer gesetzten Frist vorgelegt, wird vermutet, daß der oder die Berufsangehörige aus dem Grund des § 20 Abs. 2 Nr. 3, der durch das Gutachten geklärt werden soll, nicht nur vorübergehend unfähig ist, seinen Beruf ordnungsgemäß auszuüben.

§ 21 Zuständigkeit

Über die Rücknahme und den Widerruf der Bestellung entscheidet die Wirtschaftsprüferkammer.

§ 22 (weggefallen)

§ 23 Wiederbestellung

(1)   Ein ehemaliger Wirtschaftsprüfer kann wiederbestellt werden, wenn

1.   die Bestellung nach § 19 Abs. 1 Nr. 2 erloschen ist;

2.   im Falle des Erlöschens der Bestellung nach § 19 Abs. 1 Nr. 3 die unanfechtbare Ausschließung aus dem Beruf im Gnadenwege aufgehoben worden ist oder seit der unanfechtbaren Ausschließung mindestens acht Jahre verstrichen sind;

3.   die Bestellung zurückgenommen oder widerrufen ist und die Gründe, die für die Rücknahme oder den Widerruf maßgeblich gewesen sind, nicht mehr bestehen.

(2)   Eine erneute Prüfung ist nicht erforderlich. Die Wirtschaftsprüferkammer kann im Einzelfall anordnen, daß sich der Bewerber der Prüfung oder Teilen derselben zu unterziehen hat, wenn die pflichtgemäße Ausübung des Berufes sonst nicht gewährleistet erscheint. Für das Prüfungsverfahren gelten die §§ 7 und 12 sinngemäß.

(3)	Die Wiederbestellung ist zu versagen, wenn die Voraussetzungen für die Wiederbestellung unter sinngemäßer Anwendung des § 16 nicht vorliegen.

§ 24 (weggefallen)

Vierter Abschnitt

§ 25 (weggefallen)

§ 26 (weggefallen)

Fünfter Abschnitt

Wirtschaftsprüfungsgesellschaften

§ 27 Rechtsform

(1)	Europäische Gesellschaften, Gesellschaften nach deutschem Recht oder Gesellschaften in einer nach dem Recht eines Mitgliedstaats der Europäischen Union oder eines Vertragsstaats des Abkommens über den Europäischen Wirtschaftsraum zulässigen Rechtsform können nach Maßgabe der Vorschriften dieses Abschnitts als Wirtschaftsprüfungsgesellschaften anerkannt werden.

(2)	Offene Handelsgesellschaften und Kommanditgesellschaften können als Wirtschaftsprüfungsgesellschaften anerkannt werden, wenn sie wegen ihrer Treuhandtätigkeit als Handelsgesellschaften in das Handelsregister eingetragen worden sind.

§ 28 Voraussetzungen für die Anerkennung

(1)   Voraussetzung für die Anerkennung ist, dass die Mehrheit der Mitglieder des Vorstandes, der Geschäftsführer und Geschäftsführerinnen, der persönlich haftenden Gesellschafter und Gesellschafterinnen, der geschäftsführenden Direktoren und Direktorinnen oder der Partner und Partnerinnen (gesetzliche Vertreter) Berufsangehörige oder EU- oder EWR-Abschlussprüfer sind. Persönlich haftende Gesellschafter und Gesellschafterinnen können auch Wirtschaftsprüfungsgesellschaften oder EU- oder EWR-Abschlussprüfungsgesellschaften sein. Hat die Gesellschaft nur zwei gesetzliche Vertreter, so muss einer von ihnen Berufsangehöriger oder EU- oder EWR-Abschlussprüfer sein. Mindestens eine in den Sätzen 1 bis 3 genannte Person oder Gesellschaft muss ihre berufliche Niederlassung am Sitz der Gesellschaft haben.

(2)   Neben Berufsangehörigen, Wirtschaftsprüfungsgesellschaften, EU- oder EWR-Abschlussprüfern und EU- oder EWR-Abschlussprüfungsgesellschaften sind vereidigte Buchprüfer und vereidigte Buchprüferinnen, Steuerberater und Steuerberaterinnen sowie Rechtsanwälte und Rechtsanwältinnen berechtigt, gesetzliche Vertreter von Wirtschaftsprüfungsgesellschaften zu sein. Dieselbe Berechtigung kann die Wirtschaftsprüferkammer besonders befähigten Personen, die nicht in Satz 1 genannt werden und die einen mit dem Beruf des Wirtschaftsprüfers und der Wirtschaftsprüferin zu vereinbarenden Beruf ausüben, auf Antrag erteilen.

(3)   Die Wirtschaftsprüferkammer kann genehmigen, dass Personen, die in einem Drittstaat als sachverständige Prüfer oder Prüferinnen ermächtigt oder bestellt sind, neben Berufsangehörigen und EU- oder EWR-Abschlussprüfern gesetzliche Vertreter von Wirtschaftsprüfungsgesellschaften sein können, wenn die Voraussetzungen für ihre Ermächtigung oder Bestellung den Vorschriften dieses Gesetzes im Wesentlichen entsprechen. Diejenigen

sachverständigen, in einem Drittstaat ermächtigten oder bestellten Prüfer und Prüferinnen, die als persönlich haftende Gesellschafter oder Gesellschafterinnen von der Geschäftsführung ausgeschlossen sind, bleiben unberücksichtigt. Die Sätze 1 und 2 gelten entsprechend für Rechtsanwälte und Rechtsanwältinnen, Patentanwälte und Patentanwältinnen sowie Steuerberater und Steuerberaterinnen anderer Staaten, wenn diese einen nach Ausbildung und Befugnissen der Bundesrechtsanwaltsordnung, der Patentanwaltsordnung oder des Steuerberatungsgesetzes entsprechenden Beruf ausüben.

(4)   Voraussetzung für die Anerkennung ist ferner, daß

1.   Gesellschafter ausschließlich Berufsangehörige, Wirtschaftsprüfungsgesellschaften, welche die Voraussetzungen dieses Absatzes erfüllen, EU- oder EWR-Abschlussprüfer, EU- oder EWR-Abschlussprüfungsgesellschaften oder Personen nach Nummer 1a sind;

1a.   Gesellschafter vereidigte Buchprüfer oder vereidigte Buchprüferinnen, Steuerberater oder Steuerberaterinnen, Steuerbevollmächtigte, Rechtsanwälte oder Rechtsanwältinnen, Personen, mit denen eine gemeinsame Berufsausübung nach § 44b Abs. 2 zulässig ist, oder Personen sind, deren Tätigkeit als Vorstandsmitglied, Geschäftsführer oder Geschäftsführerin, Partner oder Partnerin oder persönlich haftender Gesellschafter oder persönlich haftende Gesellschafterin nach Absatz 2 oder 3 genehmigt worden ist, und mindestens die Hälfte der Anzahl der in dieser Nummer genannten Personen in der Gesellschaft tätig ist;

2.   die Anteile an der Wirtschaftsprüfungsgesellschaft nicht für Rechnung eines Dritten gehalten werden;

3. bei Kapitalgesellschaften die Mehrheit der Anteile Wirtschaftsprüfern oder Wirtschaftsprüfungsgesellschaften, die die Voraussetzungen dieses Absatzes erfüllen, EU- oder EWR-Abschlussprüfern oder EU- oder EWR-Abschlussprüfungsgesellschaften oder dort zugelassenen Prüfungsgesellschaften gehört;

3a. bei Kapitalgesellschaften, Kommanditgesellschaften und Kommanditgesellschaften auf Aktien denjenigen Personen nach Nummer 1a, die nicht in der Gesellschaft tätig sind, weniger als ein Viertel der Anteile am Nennkapital oder der im Handelsregister eingetragenen Einlagen der Kommanditisten gehören (einfache Minderheitenbeteiligung);

4. bei Kommanditgesellschaften die Mehrheit der im Handelsregister eingetragenen Einlagen der Kommanditisten von Wirtschaftsprüfern oder Wirtschaftsprüfungsgesellschaften, die die Voraussetzungen dieses Absatzes erfüllen, von EU- oder EWR-Abschlussprüfern oder EU- oder EWR-Abschlussprüfungsgesellschaften übernommen worden ist;

5. Wirtschaftsprüfern oder Wirtschaftsprüfungsgesellschaften, die die Voraussetzungen dieses Absatzes erfüllen, EU- oder EWR-Abschlussprüfern oder EU- oder EWR-Abschlussprüfungsgesellschaften zusammen die Mehrheit der Stimmrechte der Aktionäre, Kommanditaktionäre, Gesellschafter einer Gesellschaft mit beschränkter Haftung oder Kommanditisten zusteht und

6. im Gesellschaftsvertrag bestimmt ist, daß zur Ausübung von Gesellschafterrechten nur Gesellschafter bevollmächtigt werden können, die Berufsangehörige oder EU- oder EWR-Abschlussprüfer sind.

Haben sich Berufsangehörige im Sinne von Satz 1 Nr. 1 zu einer Gesellschaft bürgerlichen Rechts zusammengeschlossen, deren Zweck ausschließlich das Halten von Anteilen an einer Wirtschaftsprüfungsgesellschaft ist, so werden ihnen die Anteile an der Wirtschaftsprüfungsgesellschaft im Verhältnis ihrer Beteiligung an der Gesellschaft bürgerlichen Rechts zugerechnet. Stiftungen und eingetragene Vereine gelten als Berufsangehörige im Sinne von Satz 1 Nr. 1, wenn

a) sie ausschließlich der Altersversorgung von in der Wirtschaftsprüfungsgesellschaft tätigen Personen und deren Hinterbliebenen dienen oder ausschließlich die Berufsausbildung, Berufsfortbildung oder die Wissenschaft fördern und

b) die zur gesetzlichen Vertretung berufenen Organe mehrheitlich aus Wirtschaftsprüfern bestehen.

(5) Bei Aktiengesellschaften und Kommanditgesellschaften auf Aktien müssen die Aktien auf Namen lauten. Die Übertragung muß an die Zustimmung der Gesellschaft gebunden sein. Dasselbe gilt für die Übertragung von Geschäftsanteilen an einer Gesellschaft mit beschränkter Haftung.

(6) Bei Gesellschaften mit beschränkter Haftung muß das Stammkapital mindestens fünfundzwanzigtausend Euro betragen. Bei Aktiengesellschaften, Kommanditgesellschaften auf Aktien und Gesellschaften mit beschränkter Haftung muss bei Antragstellung nachgewiesen werden, dass der Wert der einzelnen Vermögensgegenstände abzüglich der Schulden mindestens dem gesetzlichen Mindestbetrag des Grund- oder Stammkapitals entspricht.

(7)   Die Anerkennung muß versagt werden, solange nicht die vorläufige Deckungszusage auf den Antrag zum Abschluß einer Berufshaftpflichtversicherung vorliegt.

§ 29 Zuständigkeit und Verfahren

(1)   Zuständig für die Anerkennung als Wirtschaftsprüfungsgesellschaft ist die Wirtschaftsprüferkammer.

(2)   Die Wirtschaftsprüferkammer kann als Nachweis der Anerkennungsvoraussetzungen geeignete Belege, Ausfertigungen oder öffentlich beglaubigte Abschriften anfordern.

(3)   Über die Anerkennung als Wirtschaftsprüfungsgesellschaft wird eine Urkunde ausgestellt.

§ 30 Änderungsanzeige

Jede Änderung des Gesellschaftsvertrages oder der Satzung oder in der Person der gesetzlichen Vertreter ist der Wirtschaftsprüferkammer unverzüglich anzuzeigen. Die Wirtschaftsprüferkammer kann als Nachweis der Änderung geeignete Belege, Ausfertigungen oder öffentlich beglaubigte Abschriften anfordern. Wird die Änderung im Handelsregister oder Partnerschaftsregister eingetragen, ist eine öffentlich beglaubigte Abschrift der Eintragung nachzureichen.

§ 31 Bezeichnung "Wirtschaftsprüfungsgesellschaft"

Die anerkannte Gesellschaft ist verpflichtet, die Bezeichnung "Wirtschaftsprüfungsgesellschaft" in die Firma oder den Namen aufzunehmen und im beruflichen Verkehr zu führen. Für eine Partnerschaftsgesellschaft entfällt die Pflicht nach § 2 Abs. 1 des Partnerschaftsgesellschaftsgesetzes vom 25. Juli 1994 (BGBl. I S. 1744), zusätzlich die Berufsbezeichnungen aller in der Partnerschaft vertretenen Berufe in den Namen aufzunehmen.

§ 32 Bestätigungsvermerke

Erteilen Wirtschaftsprüfungsgesellschaften gesetzlich vorgeschriebene Bestätigungsvermerke, so dürfen diese nur von Wirtschaftsprüfern unterzeichnet werden; sie dürfen auch von vereidigten Buchprüfern unterzeichnet werden, soweit diese gesetzlich befugt sind, Bestätigungsvermerke zu erteilen. Gleiches gilt für sonstige Erklärungen im Rahmen von Tätigkeiten, die den Berufsangehörigen gesetzlich vorbehalten sind.

§ 33 Erlöschen der Anerkennung

(1)   Die Anerkennung erlischt durch

1.   Auflösung der Gesellschaft,

2.   Verzicht auf die Anerkennung.

(2)   Der Verzicht ist schriftlich gegenüber der Wirtschaftsprüferkammer zu erklären. Die Auflösung der Gesellschaft ist der Wirtschaftsprüferkammer unverzüglich anzuzeigen.

§ 34 Rücknahme und Widerruf der Anerkennung

(1)   Die Anerkennung ist zurückzunehmen oder zu widerrufen, wenn

1.   für die Person eines Vorstandsmitgliedes, Geschäftsführers, persönlich haftenden Gesellschafters oder Partners die Bestellung zurückgenommen oder widerrufen ist, es sei denn, daß jede Vertretungs- und Geschäftsführungsbefugnis dieser Person unverzüglich widerrufen oder entzogen ist;

2. sich nach der Anerkennung ergibt, daß sie hätte versagt werden müssen, oder wenn die Voraussetzungen für die Anerkennung der Gesellschaft, auch bezogen auf § 54 Abs. 1, nachträglich fortfallen, es sei denn, daß die Gesellschaft innerhalb einer angemessenen, von der Wirtschaftsprüferkammer zu bestimmenden Frist, die bei Fortfall der in § 28 Abs. 2 Satz 3 und Abs. 3 Satz 2 genannten Voraussetzungen höchstens zwei Jahre betragen darf, den dem Gesetz entsprechenden Zustand herbeiführt; bei Fortfall der in § 28 Abs. 4 genannten Voraussetzungen wegen eines Erbfalls muß die Frist mindestens fünf Jahre betragen;

3. ein Mitglied des Vorstandes, ein Geschäftsführer, ein persönlich haftender Gesellschafter oder ein Partner durch eine unanfechtbare Entscheidung aus dem Beruf ausgeschlossen ist oder einer der in § 28 Abs. 2 Sätze 1, 2 und Abs. 3 genannten Personen die Eignung zur Vertretung und Geschäftsführung einer Wirtschaftsprüfungsgesellschaft aberkannt ist, es sei denn, daß die Wirtschaftsprüfungsgesellschaft der Wirtschaftsprüferkammer nachweist, daß jede Vertretungs- und Geschäftsführungsbefugnis des Verurteilten unverzüglich widerrufen oder entzogen ist.

(2)   Die Anerkennung ist zu widerrufen, wenn die Gesellschaft in nicht geordnete wirtschaftliche Verhältnisse, insbesondere in Vermögensverfall, geraten ist, es sei denn, daß dadurch die Interessen der Auftraggeber oder anderer Personen nicht gefährdet sind.

(3)   Über die Rücknahme und den Widerruf der Anerkennung entscheidet die Wirtschaftsprüferkammer.

§ 35 (weggefallen)

§ 36 (weggefallen)

Sechster Abschnitt

Allgemeine Vorschriften für das Verwaltungsverfahren

§ 36a Untersuchungsgrundsatz, Mitwirkungspflicht, Übermittlung personenbezogener Daten

(1)   Die Wirtschaftsprüferkammer ermittelt den Sachverhalt von Amts wegen.

(2)   Die am Verfahren beteiligten Bewerber, Wirtschaftsprüfer oder Gesellschaften sollen bei der Ermittlung des Sachverhalts mitwirken und, soweit es dessen bedarf, ihr Einverständnis mit der Verwendung von Beweismitteln erklären. Ihr Antrag auf Gewährung von Rechtsvorteilen ist zurückzuweisen, wenn die für die Entscheidung zuständige Stelle infolge ihrer Verweigerung der Mitwirkung den Sachverhalt nicht hinreichend klären kann. Der Bewerber, Wirtschaftsprüfer oder die Gesellschaft ist auf diese Rechtsfolge hinzuweisen.

(3)   Es übermitteln

1.   die Wirtschaftsprüferkammer, Gerichte und Behörden Daten über natürliche und juristische Personen, die aus der Sicht der übermittelnden Stelle für die Zulassung zur oder die Durchführung der Prüfung und Eignungsprüfung, für die Erteilung einer Ausnahmegenehmigung nach § 28 Abs. 2 oder 3 oder für die Rücknahme oder den Widerruf dieser Entscheidung erforderlich sind, an die für die Entscheidung zuständige Stelle,

2. Gerichte und Behörden Daten über natürliche und juristische Personen, die aus Sicht der übermittelnden Stelle für die Bestellung oder Wiederbestellung, die Anerkennung oder die Rücknahme oder den Widerruf dieser Entscheidung erforderlich sind oder die den Verdacht einer Berufspflichtverletzung begründen können, an die Wirtschaftsprüferkammer,

soweit hierdurch schutzwürdige Interessen des oder der Betroffenen nicht beeinträchtigt werden oder das öffentliche Interesse das Geheimhaltungsinteresse der Beteiligten überwiegt. Die Übermittlung unterbleibt, wenn besondere gesetzliche Verwendungsregelungen entgegenstehen; dies gilt nicht für das Steuergeheimnis nach § 30 der Abgabenordnung, die Verschwiegenheitspflicht nach § 64, die Verschwiegenheitspflicht der Organmitglieder, Beauftragten und Angestellten der Berufskammer eines anderen freien Berufs im Geltungsbereich dieses Gesetzes und die Verschwiegenheitspflicht der in § 9 Abs. 1 des Kreditwesengesetzes und in § 21 des Wertpapierhandelsgesetzes sowie der in § 342c des Handelsgesetzbuchs benannten Personen und Stellen.

(4) Soweit natürliche oder juristische Personen Mitglieder einer Berufskammer eines anderen freien Berufs im Geltungsbereich dieses Gesetzes sind, darf die Wirtschaftsprüferkammer Daten im Sinne des Absatzes 3 und nach Maßgabe dieser Vorschrift auch an andere zuständige Stellen übermitteln, soweit ihre Kenntnis aus der Sicht der übermittelnden Stelle für die Verwirklichung der Rechtsfolge erforderlich ist.

(5) Die Wirtschaftsprüferkammer darf personenbezogene Daten ihrer Mitglieder an die Versorgungswerke der Wirtschaftsprüfer und der vereidigten Buchprüfer übermitteln, soweit sie für die Feststellung der Mitgliedschaft sowie von Art und Umfang der Beitragspflicht oder der Versorgungsleistung erforderlich sind.

Siebenter Abschnitt

Berufsregister

§ 37 Registerführende Stelle

(1)   Die Wirtschaftsprüferkammer führt ein Berufsregister für Wirtschaftsprüfer und Wirtschaftsprüfungsgesellschaften. Alle einzutragenden Berufsangehörigen und Wirtschaftsprüfungsgesellschaften erhalten jeweils eine Registernummer. Das Berufsregister wird in deutscher Sprache elektronisch geführt und ist der Öffentlichkeit mit den aktuellen Daten mit Ausnahme des Geburtstags und des Geburtsortes elektronisch zugänglich. Liegt einer Eintragung eine Urkunde in einer anderen Sprache zugrunde, muss sich aus dem Berufsregister ergeben, ob es sich um eine beglaubigte Übersetzung handelt oder nicht.

(2)   Die Wirtschaftsprüferkammer kann ein Mitgliederverzeichnis veröffentlichen, das weitere, über § 38 hinausgehende freiwillige Angaben der Berufsangehörigen und der Berufsgesellschaften enthalten kann.

(3)   Auf Verlangen des Mitgliedes muß die Eintragung in das Mitgliederverzeichnis unterbleiben. Das Mitglied ist von der Wirtschaftsprüferkammer auf sein Widerspruchsrecht hinzuweisen.

§ 38 Eintragung

In das Berufsregister sind einleitend die für alle Berufsangehörigen und Wirtschaftsprüfungsgesellschaften verantwortlichen Stellen für die Zulassung, die Qualitätskontrolle, die Berufsaufsicht und die öffentliche Aufsicht nach § 66a (Bezeichnungen, Anschriften) und darauf folgend im Einzelnen neben der jeweiligen Registernummer einzutragen

1. Berufsangehörige, und zwar

    a) Name, Vorname, Geburtstag und Geburtsort,

    b) Tag der Bestellung und die Behörde, die die Bestellung vorgenommen hat,

    c) Datum der Begründung der beruflichen Niederlassung, deren Anschrift, in den Fällen des § 3 Abs. 1 Satz 1 Halbsatz 2 die inländische Zustellungsanschrift und, sofern der Berufsangehörige in ein Netzwerk eingebunden ist, Namen, Firmen und Anschriften der anderen Mitglieder des Netzwerks und der mit diesen durch gemeinsames Eigentum, gemeinsame Kontrolle oder gemeinsame Geschäftsführung verbundenen Unternehmen oder ein Hinweis darauf, wo diese Angaben öffentlich zugänglich sind,

    d) Art der beruflichen Tätigkeit nach § 43a Absatz 1 unter Angabe der Praxis,

    e) Name, Vorname, Berufe oder Firma und die Anschriften der beruflichen Niederlassungen der Gesellschafter einer Personengesellschaft im Sinne des § 44b und Name oder Firma der Personengesellschaft; dies gilt entsprechend im Fall der Kundmachung einer Personengesellschaft, auch wenn die Voraussetzungen nach § 44b Absatz 1 Satz 1 und Absatz 2 nicht vorliegen,

    f) Firma, Anschrift, Internetadresse und Registernummer der Prüfungsgesellschaft, bei welcher die Berufsangehörigen angestellt oder in anderer Weise tätig sind oder der sie als Partner oder Partnerin angehören oder in ähnlicher Weise verbunden sind,

g) (weggefallen)

h) Anzeige der Tätigkeit als gesetzlicher Abschlussprüfer nach § 57a Absatz 1 Satz 2,

i) Registrierung als Prüfer für Qualitätskontrolle nach § 57a Abs. 3,

j) alle anderen Registrierungen bei zuständigen Stellen anderer Staaten unter Angabe des Namens der betreffenden Registerstelle sowie der Registernummer,

k) berufsaufsichtlich festgesetzte, auch vorläufige Tätigkeits- und Berufsverbote und bei Tätigkeitsverboten das Tätigkeitsgebiet, jeweils unter Angabe des Beginns und der Dauer,

l) die sofort vollziehbare Aufhebung der Bestellung unter Angabe des Datums,

m) die Beurlaubung

sowie alle Veränderungen zu den Buchstaben a, c, d, e, f, h, i, j und m unter Angabe des Datums;

2. Wirtschaftsprüfungsgesellschaften, und zwar

a) Name, Firma und Rechtsform,

b) Tag der Anerkennung als Wirtschaftsprüfungsgesellschaft und die Behörde, die die Anerkennung ausgesprochen hat,

c) Anschrift der Hauptniederlassung, Kontaktmöglichkeiten einschließlich einer Kontaktperson, Internetadresse und, sofern die Wirtschaftsprüfungsgesellschaft in ein Netzwerk eingebunden ist, Namen, Firmen und Anschriften der anderen Mitglieder des Netzwerks und der mit diesen durch gemeinsames Eigentum, gemeinsame Kontrolle oder gemeinsame Geschäftsführung verbundenen Unternehmen oder ein Hinweis darauf, wo diese Angaben öffentlich zugänglich sind,

d) Namen, Berufe, Geburtsdaten und Anschriften der Gesellschafter und der Mitglieder des zur gesetzlichen Vertretung berufenen Organs einer juristischen Person und die Höhe ihrer Anteile sowie Namen, Berufe, Geburtsdaten und Anschriften der vertretungsberechtigten und der übrigen Gesellschafter einer Personengesellschaft und die Höhe der im Handelsregister eingetragenen Einlagen der Kommanditisten,

e) Namen, Geschäftsanschriften und Registernummern der im Namen der Gesellschaft tätigen Wirtschaftsprüfer,

f) Anzeige der Tätigkeit als gesetzlicher Abschlussprüfer nach § 57a Absatz 1 Satz 2,

g) Registrierung als Prüfer für Qualitätskontrolle nach § 57a Abs. 3,

h) alle anderen Registrierungen bei zuständigen Stellen anderer Staaten unter Angabe des Namens der Registerstelle sowie der Registernummer,

i) berufsaufsichtlich festgesetzte, auch vorläufige Tätigkeits- und Berufsverbote und bei Tätigkeitsverboten das Tätigkeitsgebiet, jeweils unter Angabe des Beginns und der Dauer,

j) die sofort vollziehbare Aufhebung der Anerkennung unter Angabe des Datums sowie alle Veränderungen zu den Buchstaben a, c, d, e, f, g, h und i unter Angabe des Datums;

3. Zweigniederlassungen von Wirtschaftsprüfern und Wirtschaftsprüfungsgesellschaften, und zwar

a) Name,

b) Anschrift der Zweigniederlassung,

c) Namen und Anschriften der die Zweigniederlassung leitenden Personen

sowie alle Veränderungen zu den Buchstaben a bis c unter Angabe des Datums;

4. EU- und EWR-Abschlussprüfungsgesellschaften gemäß § 131; die Nummern 2 und 3 gelten entsprechend mit der Maßgabe, dass nur EU- und EWR-Abschlussprüfer und Niederlassungen, die im Geltungsbereich dieses Gesetzes tätig werden, einzutragen sind;

5. Drittstaatsprüfer und Drittstaatsprüfungsgesellschaften gemäß § 134; die Nummern 1 bis 3 gelten entsprechend.

§ 39 Löschung

(1) Im Berufsregister sind zu löschen

1. Berufsangehörige, wenn die Bestellung als Wirtschaftsprüfer erloschen oder unanfechtbar zurückgenommen oder widerrufen ist;

2. Wirtschaftsprüfungsgesellschaften, wenn die Anerkennung als Wirtschaftsprüfungsgesellschaft erloschen oder unanfechtbar zurückgenommen oder widerrufen ist;

3. Zweigniederlassungen,

    a) wenn die Zweigniederlassung aufgehoben ist oder

    b) wenn die Zweigniederlassung nicht mehr von einem Berufsangehörigen verantwortlich geleitet wird und eine Ausnahmegenehmigung der Wirtschaftsprüferkammer nicht vorliegt;

4. EU- und EWR-Abschlussprüfungsgesellschaften gemäß § 131, wenn

    a) die Zulassung der Prüfungsgesellschaft in dem Herkunftsmitgliedstaat erloschen ist oder unanfechtbar zurückgenommen, widerrufen oder in sonstiger Weise aufgehoben wurde oder

    b) die Prüfungsgesellschaft in dem Herkunftsmitgliedstaat nicht mehr registriert ist.

(2) Die Angaben nach § 38 Nummer 1 Buchstabe h und Nummer 2 Buchstabe f sind zu löschen, wenn die Kommission für Qualitätskontrolle auf die Löschung der Eintragung als gesetzlicher Abschlussprüfer entschieden hat oder wenn die eingetragenen Berufsangehörigen oder Wirtschaftsprüfungsgesellschaften auf die Durchführung gesetzlicher Abschlussprüfungen verzichtet haben. Die Angaben nach § 38 Nummer 1 Buchstabe i und Nummer 2 Buchstabe g sind zu löschen, wenn die Registrierung als Prüfer für Qualitätskontrolle unanfechtbar zurückgenommen oder widerrufen worden ist. Die Angaben nach § 38 Nummer 1 Buchstabe k und i sind zu löschen, wenn die Tätigkeits- oder Berufsverbote erloschen sind.

(3) Die Berufsangehörigen haben ihre Auftraggeber während eines laufenden Mandats unverzüglich über die Löschung der Eintragung im Berufsregister nach Absatz 2 Satz 1 zu informieren.

§ 40 Verfahren

(1)   Eintragungen und Löschungen werden von der Wirtschaftsprüferkammer unverzüglich von Amts wegen vorgenommen.

(2)   Die Mitglieder der Wirtschaftsprüferkammer sind verpflichtet, die Tatsachen, die eine Eintragung, ihre Veränderung oder eine Löschung erforderlich machen, der Wirtschaftsprüferkammer unverzüglich in einer den §§ 126, 126a des Bürgerlichen Gesetzbuchs entsprechenden Form mitzuteilen. § 62a gilt entsprechend.

(3)   Auf Antrag der Berufsangehörigen oder der Wirtschaftsprüfungsgesellschaften stellt die Wirtschaftsprüferkammer einen Registerauszug über die jeweilige Eintragung nach § 38 Nummer 1 Buchstabe h oder Nummer 2 Buchstabe f zur Verfügung.

§ 40a Register für genossenschaftliche Prüfungsverbände und Prüfungsstellen der Sparkassen- und Giroverbände

(1)   Bei der Wirtschaftsprüferkammer werden auch die genossenschaftlichen Prüfungsverbände eingetragen, die gesetzlich vorgeschriebene Abschlussprüfungen im Sinne des § 53 Absatz 2 des Genossenschaftsgesetzes, des § 340k Abs. 2 Satz 1 des Handelsgesetzbuchs oder des Artikels 25 Abs. 1 Satz 1 des Einführungsgesetzes zum Handelsgesetzbuch durchführen, sowie die Prüfungsstellen der Sparkassen- und Giroverbände. § 37 Abs. 1 gilt entsprechend. Auf Antrag des Prüfungsverbands oder der Prüfungsstelle stellt die Wirtschaftsprüferkammer einen Registerauszug über die jeweilige Eintragung zur Verfügung.

(2)   In das Register sind im Einzelnen neben der jeweiligen Registernummer einzutragen:

1. Name und Rechtsform des Prüfungsverbands oder Name der Prüfungsstelle sowie Name und Rechtsform des Trägers der Prüfungsstelle;

2. Tag der Verleihung des Prüfungsrechts und die Behörde, die das Recht verliehen hat, oder gesetzliche Ermächtigung der Prüfungsstelle;

3. Anschrift des Hauptbüros sowie Kontaktmöglichkeiten einschließlich einer Kontaktperson, Internetadresse und, sofern der Prüfungsverband oder die Prüfungsstelle Mitglied in einem Netzwerk ist, Namen und Anschriften aller Mitglieder des Netzwerkes und der mit diesen durch gemeinsames Eigentum, gemeinsame Kontrolle oder gemeinsame Geschäftsführung verbundenen Unternehmen oder ein Hinweis darauf, wo diese Informationen öffentlich zugänglich sind;

4. Anschriften von weiteren Büros in Deutschland;

5. Namen und Geschäftsadressen aller Mitglieder des Vorstands des Prüfungsverbands oder des Leiters der Prüfungsstelle;

6. Namen und Registernummern der im Namen des Prüfungsverbands oder der Prüfungsstelle tätigen Wirtschaftsprüfer;

7. alle anderen Registrierungen bei zuständigen Stellen anderer Staaten unter Angabe des Namens der Registerstelle sowie der Registernummer;

8. Name und Anschrift der zuständigen Aufsichtsbehörde.

(3) Die in Absatz 1 genannten Prüfungsverbände und Prüfungsstellen sind verpflichtet, der Wirtschaftsprüferkammer die in Absatz 2 genannten Tatsachen sowie jede Änderung dieser Tatsachen

mitzuteilen. Die Wirtschaftsprüferkammer hat die mitgeteilten Tatsachen sowie Änderungen einzutragen.

(4)   Die in Absatz 1 genannten genossenschaftlichen Prüfungsverbände sind verpflichtet, der Wirtschaftsprüferkammer Mitteilung zu machen, wenn sie keine gesetzlich vorgeschriebenen Abschlussprüfungen im Sinn des § 53 Absatz 2 des Genossenschaftsgesetzes, des § 340k Abs. 2 Satz 1 des Handelsgesetzbuchs oder des Artikels 25 Abs. 1 Satz 1 des Einführungsgesetzes zum Handelsgesetzbuch mehr durchführen oder wenn ihr Prüfungsrecht unanfechtbar entzogen worden ist. Die in Absatz 1 genannten Prüfungsstellen der Sparkassen- und Giroverbände sind verpflichtet der Wirtschaftsprüferkammer mitzuteilen, wenn ihr Prüfungsrecht unanfechtbar entzogen worden ist. In diesen Fällen hat die Wirtschaftsprüferkammer die Eintragung zu löschen.

(5)   Die Eintragung eines in Absatz 1 Satz 1 genannten genossenschaftlichen Prüfungsverbands wird gelöscht, wenn

1.   die Qualitätskontrolle

    a)   nicht innerhalb der nach § 63e Absatz 1 des Genossenschaftsgesetzes vorgegebenen Frist durchgeführt worden ist oder

    b)   unter Verstoß gegen § 63f Absatz 1 des Genossenschaftsgesetzes in Verbindung mit § 57a Absatz 3 Satz 1 und 5 der Wirtschaftsprüferordnung, gegen § 63f Absatz 2 Satz 2 des Genossenschaftsgesetzes oder gegen § 63f Absatz 3 des Genossenschaftsgesetzes in Verbindung mit § 57a Absatz 4 der Wirtschaftsprüferordnung durchgeführt worden ist,

2.   wesentliche Prüfungshemmnisse festgestellt worden sind oder

3. wesentliche Mängel im Qualitätssicherungssystem festgestellt worden sind, die das Qualitätssicherungssystem als unangemessen oder unwirksam erscheinen lassen.

Erkennt die Wirtschaftsprüferkammer, dass die Eintragung zu löschen ist, so ist der Vorgang vor der Entscheidung der nach § 63 des Genossenschaftsgesetzes zuständigen Aufsichtsbehörde vorzulegen.

(6) Ein genossenschaftlicher Prüfungsverband, der erstmalig eine gesetzlich vorgeschriebene Abschlussprüfung durchführt, hat dies der Wirtschaftsprüferkammer spätestens zwei Wochen nach Beginn dieser Prüfung anzuzeigen. Er ist mit dem Zusatz „(vorläufige Eintragung bis zur erstmaligen Durchführung der Qualitätskontrolle)" einzutragen. Der Zusatz ist nach Durchführung der Qualitätskontrolle zu löschen.

Achter Abschnitt

Verwaltungsgerichtliches Verfahren

§ 41 Unmittelbare Klage gegen Bescheide der Wirtschaftsprüferkammer

Vor Erhebung einer Klage gegen Bescheide der Wirtschaftsprüferkammer, die aufgrund von Vorschriften des Dritten und Fünften Abschnitts des Zweiten Teils und § 134a Abs. 1 und 2 dieses Gesetzes erlassen worden sind, bedarf es keiner Nachprüfung in einem Vorverfahren.

§ 42 (weggefallen)

Dritter Teil

Rechte und Pflichten der Wirtschaftsprüfer

§ 43 Allgemeine Berufspflichten

(1)   Berufsangehörige haben ihren Beruf unabhängig, gewissenhaft, verschwiegen und eigenverantwortlich auszuüben. Sie haben sich insbesondere bei der Erstattung von Prüfungsberichten und Gutachten unparteiisch zu verhalten.

(2)   Berufsangehörige haben sich jeder Tätigkeit zu enthalten, die mit ihrem Beruf oder mit dem Ansehen des Berufs unvereinbar ist. Sie haben sich der besonderen Berufspflichten bewusst zu sein, die ihnen aus der Befugnis erwachsen, gesetzlich vorgeschriebene Bestätigungsvermerke zu erteilen. Sie haben sich auch außerhalb der Berufstätigkeit des Vertrauens und der Achtung würdig zu erweisen, die der Beruf erfordert. Sie sind verpflichtet, sich fortzubilden.

(3)   Wer Abschlussprüfer eines Unternehmens von öffentlichem Interesse nach § 319a Absatz 1 Satz 1 des Handelsgesetzbuchs war oder wer als verantwortlicher Prüfungspartner im Sinne des § 319a Absatz 1 Satz 4 und Absatz 2 Satz 2 des Handelsgesetzbuchs bei der Abschlussprüfung eines solchen Unternehmens tätig war, darf dort innerhalb von zwei Jahren nach der Beendigung der Prüfungstätigkeit keine wichtige Führungstätigkeit ausüben und nicht Mitglied des Aufsichtsrats, des Prüfungsausschusses des Aufsichtsrats oder des Verwaltungsrats sein. Satz 1 gilt mit der Maßgabe, dass die Frist ein Jahr beträgt, entsprechend für

1.   Personen, die als Abschlussprüfer oder verantwortliche Prüfungspartner gesetzliche Abschlussprüfungen eines sonstigen Unternehmens durchgeführt haben,

2. Partner und Mitarbeiter des Abschlussprüfers, die zwar nicht selbst als Abschlussprüfer oder verantwortlicher Prüfungspartner tätig, aber unmittelbar am Prüfungsauftrag beteiligt waren und die als Wirtschaftsprüfer, vereidigter Buchprüfer oder EU- oder EWR-Abschlussprüfer zugelassen sind, und

3. alle anderen Berufsangehörigen, vereidigten Buchprüfer oder EU- oder EWR-Abschlussprüfer, deren Leistungen der Abschlussprüfer des Unternehmens in Anspruch nehmen oder kontrollieren kann und die unmittelbar am Prüfungsauftrag beteiligt waren.

(4) Berufsangehörige haben während der gesamten Prüfung eine kritische Grundhaltung zu wahren. Dazu gehört es, Angaben zu hinterfragen, auf Gegebenheiten zu achten, die auf eine falsche Darstellung hindeuten könnten, und die Prüfungsnachweise kritisch zu beurteilen.

(5) Berufsangehörige haben bei der Durchführung von Abschlussprüfungen ausreichend Zeit für den Auftrag aufzuwenden und die zur angemessenen Wahrnehmung der Aufgaben erforderlichen Mittel, insbesondere – soweit erforderlich – Personal mit den notwendigen Kenntnissen und Fähigkeiten, einzusetzen.

(6) Wirtschaftsprüfungsgesellschaften haben darüber hinaus bei Durchführung der Abschlussprüfung

1. den verantwortlichen Prüfungspartner insbesondere anhand der Kriterien der Prüfungsqualität, Unabhängigkeit und Kompetenz auszuwählen,

2. dem verantwortlichen Prüfungspartner die zur angemessenen Wahrnehmung der Aufgaben erforderlichen Mittel, insbesondere

Personal mit den notwendigen Kenntnissen und Fähigkeiten, zur Verfügung zu stellen und

3.   den verantwortlichen Prüfungspartner aktiv an der Durchführung der Abschlussprüfung zu beteiligen.

§ 43a Regeln der Berufsausübung

(1)   Berufsangehörige üben ihren Beruf aus

1.   in eigener Praxis oder in gemeinsamer Berufsausübung gemäß § 44b,

2.   als Vorstandsmitglieder, Geschäftsführer, persönlich haftende oder nach dem Partnerschaftsgesellschaftsgesetz verbundene Personen von Wirtschaftsprüfungsgesellschaften,

3.   als zeichnungsberechtigte Vertreter oder zeichnungsberechtigte Angestellte bei Berufsangehörigen, Wirtschaftsprüfungsgesellschaften, Personengesellschaften nach § 44b Absatz 1, EU- oder EWR-Abschlussprüfern, EU- oder EWR-Abschlussprüfungsgesellschaften, genossenschaftlichen Prüfungsverbänden, Prüfungsstellen von Sparkassen- und Giroverbänden oder überörtlichen Prüfungseinrichtungen für Körperschaften und Anstalten des öffentlichen Rechts,

4.   als Vorstandsmitglieder, Geschäftsführer, persönlich haftende oder nach dem Partnerschaftsgesellschaftsgesetz verbundene Personen einer Buchprüfungsgesellschaft, einer Rechtsanwaltsgesellschaft oder einer Steuerberatungsgesellschaft,

5.   als zeichnungsberechtigte Vertreter oder zeichnungsberechtigte Angestellte bei einem Angehörigen eines ausländischen Prüferberufs oder einer ausländischen Prüfungsgesellschaft oder

als gesetzliche Vertreter oder Mitglieder des zur gesetzlichen Vertretung berufenen Organs einer ausländischen Prüfungsgesellschaft, wenn die Voraussetzungen für deren Berufsausübung den Vorschriften dieses Gesetzes im Wesentlichen entsprechen,

6. als gesetzliche Vertreter oder Mitglieder des zur gesetzlichen Vertretung berufenen Organs einer ausländischen Rechtsberatungsgesellschaft oder Steuerberatungsgesellschaft, wenn die Voraussetzungen für deren Berufsausübung den Vorschriften der Bundesrechtsanwaltsordnung oder des Steuerberatungsgesetzes im Wesentlichen entsprechen,

7. als Angestellte der Wirtschaftsprüferkammer,

8. als Angestellte des Bundesamts für Wirtschaft und Ausfuhrkontrolle, soweit es sich um eine Tätigkeit bei der Abschlussprüferaufsichtsstelle handelt,

9. als Angestellte einer

   a) nach § 342 Absatz 1 des Handelsgesetzbuchs vom Bundesministerium der Justiz und für Verbraucherschutz durch Vertrag anerkannten Einrichtung,

   b) nach § 342b Absatz 1 des Handelsgesetzbuchs vom Bundesministerium der Justiz und für Verbraucherschutz im Einvernehmen mit dem Bundesministerium der Finanzen durch Vertrag anerkannten Prüfstelle oder

   c) nicht gewerblich tätigen Personenvereinigung,

      aa) deren ordentliche Mitglieder Berufsangehörige, Wirtschaftsprüfungsgesellschaften, vereidigte Buchprüfer oder Buchprüfungsgesellschaften oder

Personen oder Personengesellschaften sind, die die Voraussetzungen des § 44b Absatz 2 Satz 1 erfüllen,

    bb) deren ausschließlicher Zweck die Vertretung der beruflichen Belange der Wirtschaftsprüfer oder vereidigten Buchprüfer ist und

    cc) in der Berufsangehörige, Wirtschaftsprüfungsgesellschaften, vereidigte Buchprüfer oder Buchprüfungsgesellschaften die Mehrheit haben,

10. als Angestellte der Bundesanstalt für Finanzdienstleistungsaufsicht, wenn es sich um eine Tätigkeit

    a) nach Abschnitt 16 des Wertpapierhandelsgesetzes oder

    b) zur Vorbereitung, Durchführung und Analyse von Prüfungen bei einem von einer Aufsichtsbehörde beaufsichtigten Unternehmen

handelt, oder

11. als Angestellte eines Prüfungsverbands nach § 26 Absatz 2 des Gesetzes über das Kreditwesen.

(2) Vereinbar mit dem Beruf des Wirtschaftsprüfers ist

1. die Ausübung eines freien Berufs auf dem Gebiet der Technik und des Rechtswesens sowie eines Berufs, mit dem die gemeinsame Berufsausübung im Sinne des § 44b zulässig ist,

2. die Tätigkeit als Lehrer oder wissenschaftlicher Mitarbeiter an wissenschaftlichen Instituten oder Hochschulen,

3. die Tätigkeit als Geschäftsführer einer Europäischen wirtschaftlichen Interessenvereinigung, deren Mitglieder ausschließlich Personen sind, mit denen die gemeinsame Berufsausübung im Sinne des § 44b zulässig ist,

4. die Durchführung von Lehr- und Vortragsveranstaltungen zur Vorbereitung auf die Prüfungen zum Wirtschaftsprüfer, zum vereidigten Buchprüfer oder zum Steuerberater sowie zur Fortbildung der Mitglieder der Wirtschaftsprüferkammer und

5. die freie schriftstellerische, wissenschaftliche und künstlerische Tätigkeit sowie die freie Vortragstätigkeit.

(3) Berufsangehörige dürfen keine der folgenden Tätigkeiten ausüben:

1. gewerbliche Tätigkeiten;

2. Tätigkeiten in einem Anstellungsverhältnis mit Ausnahme der in den Absätzen 1 und 2 genannten Fälle;

3. Tätigkeiten in einem Beamtenverhältnis oder einem nicht ehrenamtlich ausgeübten Richterverhältnis mit Ausnahme des in Absatz 2 Nummer 2 genannten Falls; § 44a bleibt unberührt.

Auf Antrag kann die Wirtschaftsprüferkammer Berufsangehörigen genehmigen, eine Tätigkeit nach Satz 1 auszuüben, wenn diese einer der Tätigkeiten nach Absatz 1 oder 2 vergleichbar ist und durch die Tätigkeit das Vertrauen in die Einhaltung der Berufspflichten nicht gefährdet werden kann. Auf Antrag kann die Wirtschaftsprüferkammer die Eingehung eines außerberuflichen Anstellungsverhältnisses vorübergehend genehmigen, wenn es der Übernahme einer Notgeschäftsführung oder der Sanierung einer gewerblichen Gesellschaft dient.

§ 44 Eigenverantwortliche Tätigkeit

(1)   Eine eigenverantwortliche Tätigkeit übt nicht aus, wer sich als zeichnungsberechtigter Vertreter oder als zeichnungsberechtigter Angestellter an Weisungen zu halten hat, die ihn verpflichten, Prüfungsberichte und Gutachten auch dann zu unterzeichnen, wenn ihr Inhalt sich mit seiner Überzeugung nicht deckt. Weisungen, die solche Verpflichtungen enthalten, sind unzulässig. Anteilseigner einer Wirtschaftsprüfungsgesellschaft und Mitglieder der Verwaltungs-, Leitungs- und Aufsichtsorgane dieser oder einer verbundenen Wirtschaftsprüfungsgesellschaft dürfen auf die Durchführung von Abschlussprüfungen nicht in einer Weise Einfluss nehmen, die die Unabhängigkeit der verantwortlichen Berufsangehörigen beeinträchtigt.

(2)   Die Eigenverantwortlichkeit wird nicht schon dadurch ausgeschlossen, daß für gesetzliche Vertreter von Wirtschaftsprüfungsgesellschaften und für bei Wirtschaftsprüfern oder Wirtschaftsprüfungsgesellschaften angestellte Wirtschaftsprüfer eine Mitzeichnung durch einen anderen Wirtschaftsprüfer oder bei genossenschaftlichen Prüfungsverbänden, Prüfungsstellen von Sparkassen- und Giroverbänden oder überörtlichen Prüfungseinrichtungen für Körperschaften und Anstalten des öffentlichen Rechts durch einen zeichnungsberechtigten Vertreter des Prüfungsverbandes, der Prüfungsstelle oder der Prüfungseinrichtung vereinbart ist.

§ 44a Wirtschaftsprüfer im öffentlich-rechtlichen Dienst- oder Amtsverhältnis

Ist ein Wirtschaftsprüfer ein öffentlich-rechtliches Dienstverhältnis als Wahlbeamter auf Zeit oder ein öffentlich-rechtliches Amtsverhältnis eingegangen, so darf er seinen Beruf als Wirtschaftsprüfer nicht ausüben, es sei denn, daß er die ihm übertragene Aufgabe ehrenamtlich wahrnimmt. Die Wirtschaftsprüferkammer kann dem Wirtschaftsprüfer auf seinen Antrag einen Vertreter bestellen oder ihm gestatten, seinen Beruf selbst auszuüben, wenn die Einhaltung der allgemeinen Berufspflichten dadurch nicht gefährdet wird.

§ 44b Gemeinsame Berufsausübung

(1)   Wirtschaftsprüfer dürfen ihren Beruf mit natürlichen und juristischen Personen sowie mit Personengesellschaften, die der Berufsaufsicht einer Berufskammer eines freien Berufes im Geltungsbereich dieses Gesetzes unterliegen und ein Zeugnisverweigerungsrecht nach § 53 Abs. 1 Satz 1 Nr. 3 der Strafprozessordnung haben, örtlich und überörtlich in Personengesellschaften gemeinsam ausüben. Mit Rechtsanwälten, die zugleich Notare sind, darf eine solche Personengesellschaft nur bezogen auf die anwaltliche Berufsausübung eingegangen werden. Im Übrigen richtet sich die Verbindung mit Rechtsanwälten, die zugleich Notare sind, nach den Bestimmungen und Anforderungen des notariellen Berufsrechts.

(2)   Eine gemeinsame Berufsausübung mit natürlichen und juristischen Personen sowie mit Personengesellschaften, die in einem ausländischen Staat als sachverständige Prüfer ermächtigt oder bestellt sind, ist zulässig, wenn die Voraussetzungen für ihre Ermächtigung oder Bestellung den Vorschriften dieses Gesetzes im wesentlichen entsprechen und sie in dem ausländischen Staat ihren Beruf gemeinsam mit Wirtschaftsprüfern ausüben dürfen. Eine gemeinsame Berufsausübung ist weiter zulässig mit Rechtsanwälten, Patentanwälten und Steuerberatern anderer Staaten, wenn diese einen nach Ausbildung und Befugnissen der Bundesrechtsanwaltsordnung, der Patentanwaltsordnung oder dem Steuerberatungsgesetz entsprechenden Beruf ausüben und mit Rechtsanwälten,

Patentanwälten oder Steuerberatern im Geltungsbereich dieses Gesetzes ihren Beruf ausüben dürfen. Absatz 1 Satz 2 und 3 gilt entsprechend.

(3)   Die Wirtschaftsprüferkammer hat ein Einsichtsrecht in die Verträge über die gemeinsame Berufsausübung. Erforderliche Auskünfte sind auf Verlangen zu erteilen.

(4)   Berufsangehörige dürfen ihren Beruf in Personengesellschaften mit Personen im Sinne von Absatz 1 Satz 1, die selbst nicht als Berufsangehörige oder als vereidigte Buchprüfer oder vereidigte Buchprüferin bestellt oder als Wirtschaftsprüfungsgesellschaft oder Buchprüfungsgesellschaft anerkannt sind, nur dann gemeinsam ausüben, wenn sie der Wirtschaftsprüferkammer bei Aufnahme einer solchen Tätigkeit nachweisen, dass ihnen auch bei gesamtschuldnerischer Inanspruchnahme der nach § 54 vorgeschriebene Versicherungsschutz für jeden Versicherungsfall uneingeschränkt zur Verfügung steht.

(5)   Wirtschaftsprüfer haben die gemeinsame Berufsausübung unverzüglich zu beenden, wenn sie auf Grund des Verhaltens eines Mitglieds der Personengesellschaft ihren beruflichen Pflichten nicht mehr uneingeschränkt nachkommen können.

(6)   Wird eine gemeinsame Berufsausübung im Sinne des Absatzes 1 kundgemacht, sind die Vorschriften der Absätze 4 und 5 entsprechend anzuwenden.

§ 45 Prokuristen

Wirtschaftsprüfer sollen als Angestellte von Wirtschaftsprüfungsgesellschaften die Rechtsstellung von Prokuristen haben. Angestellte Wirtschaftsprüfer gelten als leitende Angestellte im Sinne des § 5 Abs. 3 des Betriebsverfassungsgesetzes.

§ 46 Beurlaubung

(1) Wirtschaftsprüfer, die vorübergehend eine mit dem Beruf unvereinbare Tätigkeit aufnehmen oder aufgrund besonderer Umstände, insbesondere um Kinder zu erziehen oder Angehörige zu pflegen, nicht den Beruf des Wirtschaftsprüfers ausüben wollen, können auf Antrag von der Wirtschaftsprüferkammer beurlaubt werden.

(2) Sie dürfen während der Zeit ihrer Beurlaubung die Tätigkeit als Wirtschaftsprüfer nicht ausüben. Die Gesamtzeit der Beurlaubung soll fünf aufeinanderfolgende Jahre nicht überschreiten.

§ 47 Zweigniederlassungen

Zweigniederlassungen müssen jeweils von wenigstens einem Berufsangehörigen oder EU- oder EWR-Abschlussprüfer geleitet werden, der seine berufliche Niederlassung am Ort der Zweigniederlassung hat. Für Zweigniederlassungen von in eigener Praxis tätigen Berufsangehörigen kann die Wirtschaftsprüferkammer Ausnahmen zulassen.

§ 48 Siegel

(1) Wirtschaftsprüfer und Wirtschaftsprüfungsgesellschaften sind verpflichtet, ein Siegel zu benutzen, wenn sie Erklärungen abgeben, die den Berufsangehörigen gesetzlich vorbehalten sind. Sie können ein Siegel führen, wenn sie in ihrer Berufseigenschaft Erklärungen über Prüfungsergebnisse abgeben oder Gutachten erstatten.

(2) Die Wirtschaftsprüferkammer trifft im Rahmen der Berufssatzung die näheren Bestimmungen über die Gestaltung des Siegels und die Führung des Siegels.

§ 49 Versagung der Tätigkeit

Der Wirtschaftsprüfer hat seine Tätigkeit zu versagen, wenn sie für eine pflichtwidrige Handlung in Anspruch genommen werden soll oder die Besorgnis der Befangenheit bei der Durchführung eines Auftrages besteht.

§ 50 Verschwiegenheitspflicht beschäftigter Personen

Der Wirtschaftsprüfer hat die von ihm beschäftigten Personen in schriftlicher Form zur Verschwiegenheit zu verpflichten und sie dabei über die strafrechtlichen Folgen einer Pflichtverletzung zu belehren. Zudem hat er bei ihnen in geeigneter Weise auf die Einhaltung der Verschwiegenheitspflicht hinzuwirken. Den von dem Wirtschaftsprüfer beschäftigten Personen stehen die Personen gleich, die im Rahmen einer berufsvorbereitenden Tätigkeit oder einer sonstigen Hilfstätigkeit an seiner beruflichen Tätigkeit mitwirken. Satz 1 gilt nicht für angestellte Personen, die im Hinblick auf die Verschwiegenheitspflicht den gleichen Anforderungen wie der Wirtschaftsprüfer unterliegen. Hat sich ein Wirtschaftsprüfer mit anderen Personen, die im Hinblick auf die Verschwiegenheitspflicht den gleichen Anforderungen unterliegen wie er, zur gemeinschaftlichen Berufsausübung zusammengeschlossen und besteht zu den beschäftigten Personen ein einheitliches Beschäftigungsverhältnis, so genügt auch der Nachweis, dass eine andere dieser Personen die Verpflichtung nach Satz 1 vorgenommen hat.

§ 50a Inanspruchnahme von Dienstleistungen

(1)   Der Wirtschaftsprüfer darf Dienstleistern den Zugang zu Tatsachen eröffnen, auf die sich die Verpflichtung zur Verschwiegenheit gemäß § 43 bezieht, soweit dies für die Inanspruchnahme der Dienstleistung erforderlich ist. Dienstleister ist eine andere Person

oder Stelle, die vom Wirtschaftsprüfer im Rahmen seiner Berufsausübung mit Dienstleistungen beauftragt wird.

(2)   Der Wirtschaftsprüfer ist verpflichtet, den Dienstleister sorgfältig auszuwählen. Die Zusammenarbeit muss unverzüglich beendet werden, wenn die Einhaltung der dem Dienstleister gemäß Absatz 3 zu machenden Vorgaben nicht gewährleistet ist.

(3)   Der Vertrag mit dem Dienstleister bedarf der Textform. In ihm ist

1.   der Dienstleister unter Belehrung über die strafrechtlichen Folgen einer Pflichtverletzung zur Verschwiegenheit zu verpflichten,

2.   der Dienstleister zu verpflichten, sich nur insoweit Kenntnis von fremden Geheimnissen zu verschaffen, als dies zur Vertragserfüllung erforderlich ist, und

3.   festzulegen, ob der Dienstleister befugt ist, weitere Personen zur Erfüllung des Vertrags heranzuziehen; für diesen Fall ist dem Dienstleister aufzuerlegen, diese Personen in Textform zur Verschwiegenheit zu verpflichten.

(4)   Bei der Inanspruchnahme von Dienstleistungen, die im Ausland erbracht werden, darf der Wirtschaftsprüfer dem Dienstleister den Zugang zu fremden Geheimnissen unbeschadet der übrigen Voraussetzungen dieser Vorschrift nur dann eröffnen, wenn der dort bestehende Schutz der Geheimnisse dem Schutz im Inland vergleichbar ist, es sei denn, dass der Schutz der Geheimnisse dies nicht gebietet.

(5)   Bei der Inanspruchnahme von Dienstleistungen, die unmittelbar einem einzelnen Mandat dienen, darf der Wirtschaftsprüfer dem Dienstleister den Zugang zu fremden Geheimnissen nur dann eröffnen, wenn der Mandant darin eingewilligt hat.

(6)   Die Absätze 2 und 3 gelten auch im Fall der Inanspruchnahme von Dienstleistungen, in die der Mandant eingewilligt hat, sofern der Mandant nicht ausdrücklich auf die Einhaltung der in den Absätzen 2 und 3 genannten Anforderungen verzichtet hat.

(7)   Die Absätze 1 bis 6 gelten nicht, soweit Dienstleistungen aufgrund besonderer gesetzlicher Vorschriften in Anspruch genommen werden. Absatz 3 Satz 2 gilt nicht, soweit der Dienstleister hinsichtlich der zu erbringenden Dienstleistung gesetzlich zur Verschwiegenheit verpflichtet ist.

(8)   Die Vorschriften zum Schutz personenbezogener Daten bleiben unberührt.

§ 51 Mitteilung der Ablehnung eines Auftrages

Der Wirtschaftsprüfer, der einen Auftrag nicht annehmen will, hat die Ablehnung unverzüglich zu erklären. Er hat den Schaden zu ersetzen, der aus einer schuldhaften Verzögerung dieser Erklärung entsteht.

§ 51a Pflicht zur Übernahme der Beratungshilfe

Wirtschaftsprüfer und vereidigte Buchprüfer sind verpflichtet, die in dem Beratungshilfegesetz vorgesehene Beratungshilfe zu übernehmen. Sie können die Beratungshilfe im Einzelfall aus wichtigem Grund ablehnen.

§ 51b Handakten

(1)   Berufsangehörige müssen durch Anlegung von Handakten ein zutreffendes Bild über die von ihnen entfaltete Tätigkeit geben können.

(2)   Berufsangehörige haben ihre Handakten für die Dauer von zehn Jahren nach Beendigung des Auftrags aufzubewahren. Diese

Verpflichtung erlischt jedoch schon vor Beendigung dieses Zeitraums, wenn die Berufsangehörigen ihre Auftraggeber aufgefordert haben, die Handakten in Empfang zu nehmen, und die Auftraggeber dieser Aufforderung binnen sechs Monaten, nachdem sie sie erhalten haben, nicht nachgekommen sind.

(3) Berufsangehörige können ihren Auftraggebern die Herausgabe der Handakten verweigern, bis sie wegen ihrer Vergütung und Auslagen befriedigt sind. Dies gilt nicht, soweit die Vorenthaltung der Handakten oder einzelner Schriftstücke nach den Umständen unangemessen wäre.

(4) Handakten im Sinne der Absätze 2 und 3 sind nur solche Schriftstücke, die Berufsangehörige aus Anlass ihrer beruflichen Tätigkeit von ihren Auftraggebern oder für diese erhalten haben, nicht aber die Briefwechsel zwischen den Berufsangehörigen und ihren Auftraggebern, die Schriftstücke, die die Auftraggeber bereits in Urschrift oder Abschrift erhalten haben, sowie die zu internen Zwecken gefertigten Arbeitspapiere.

(5) Bei gesetzlichen Abschlussprüfungen nach § 316 des Handelsgesetzbuchs ist für jede Abschlussprüfung eine Handakte nach Absatz 1 (Prüfungsakte) anzulegen, die spätestens 60 Tage nach Unterzeichnung des Bestätigungsvermerks im Sinne der §§ 322 und 322a des Handelsgesetzbuchs zu schließen ist. Berufsangehörige haben in der Prüfungsakte auch zu dokumentieren,

1. ob sie die Anforderungen an ihre Unabhängigkeit im Sinne des § 319 Absatz 2 bis 5 und des § 319a des Handelsgesetzbuchs erfüllen, ob ihre Unabhängigkeit gefährdende Umstände vorliegen und welche Schutzmaßnahmen sie gegebenenfalls zur Verminderung dieser Gefahren ergriffen haben,

2.   ob sie über die Zeit, das Personal und die sonstigen Mittel verfügen, die nach § 43 Absatz 5 zur angemessenen Durchführung der Abschlussprüfung erforderlich sind,

3.   wenn sie den Rat externer Sachverständiger einholen, die entsprechenden Anfragen und die erhaltenen Antworten.

Wirtschaftsprüfungsgesellschaften haben darüber hinaus den verantwortlichen Prüfungspartner zu benennen und zu dokumentieren, dass dieser nach dem Zweiten oder Neunten Teil zugelassen ist. Die Berufsangehörigen haben alle Informationen und Unterlagen aufzubewahren, die zur Begründung des Bestätigungsvermerks im Sinne der §§ 322 und 322a des Handelsgesetzbuchs, des Prüfungsberichts im Sinne des § 321 des Handelsgesetzbuchs oder zur Kontrolle der Einhaltung von Berufspflichten von Bedeutung sind oder die schriftliche Beschwerden über die Durchführung der Abschlussprüfungen beinhalten. Die Dokumentationspflichten nach den Artikeln 6 bis 8 der Verordnung (EU) Nr. 537/2014 des Europäischen Parlaments und des Rates vom 16. April 2014 über spezifische Anforderungen an die Abschlussprüfung bei Unternehmen von öffentlichem Interesse und zur Aufhebung des Beschlusses 2005/909/EG der Kommission (ABl. L 158 vom 27.5.2014, S. 77) in der jeweils geltenden Fassung und die Aufbewahrungspflicht nach Artikel 15 der Verordnung (EU) Nr. 537/2014 bleiben unberührt.

(6)   Berufsangehörige, die eine Konzernabschlussprüfung durchführen, haben der Wirtschaftsprüferkammer auf deren schriftliche oder elektronische Aufforderung die Unterlagen über die Arbeit von Drittstaatsprüfern und Drittstaatsprüfungsgesellschaften, die in den Konzernabschluss einbezogene Tochterunternehmen prüfen, zu übergeben, soweit diese nicht gemäß § 134 Absatz 1 eingetragen sind und keine Vereinbarung zur Zusammenarbeit gemäß § 57 Absatz 9 Satz 5 Nummer 3 besteht. Erhalten Berufsangehörige keinen Zugang zu den Unterlagen über die Arbeit von

70

Drittstaatsprüfern und Drittstaatsprüfungsgesellschaften, so haben sie den Versuch ihrer Erlangung und die Hindernisse zu dokumentieren und der Wirtschaftsprüferkammer auf deren schriftliche oder elektronische Aufforderung die Gründe dafür mitzuteilen.

(7)   Die Absätze 1 bis 6 gelten entsprechend, soweit sich Berufsangehörige zum Führen von Handakten der elektronischen Datenverarbeitung bedienen. In anderen Gesetzen getroffene Regelungen über die Pflichten zur Aufbewahrung von Geschäftsunterlagen bleiben unberührt.

§ 51c Auftragsdatei

Berufsangehörige müssen für gesetzlich vorgeschriebene Abschlussprüfungen nach § 316 des Handelsgesetzbuchs eine Auftragsdatei führen, die für jeden ihrer Auftraggeber folgende Angaben enthält:

1.   Name, Anschrift und Ort,

2.   bei Wirtschaftsprüfungsgesellschaften die Namen der jeweils verantwortlichen Prüfungspartner und

3.   für jedes Geschäftsjahr die für die Abschlussprüfung und für andere Leistungen in Rechnung gestellten Honorare.

§ 52 Werbung

Werbung ist zulässig, es sei denn, sie ist unlauter.

§ 53 Wechsel des Auftraggebers

Berufsangehörige dürfen keine widerstreitenden Interessen vertreten; sie dürfen insbesondere in einer Sache, in der sie oder eine Person oder eine Personengesellschaft, mit der sie ihren Beruf gemeinsam ausüben, bereits tätig waren, für andere Auftraggebende nur tätig werden, wenn die bisherigen und die neuen Auftraggebenden einverstanden sind.

§ 54 Berufshaftpflichtversicherung

(1)   Berufsangehörige, die ihren Beruf nach § 43a Absatz 1 Nummer 1 ausüben, und Wirtschaftsprüfungsgesellschaften sind verpflichtet, eine Berufshaftpflichtversicherung zur Deckung der sich aus ihrer Berufstätigkeit ergebenden Haftpflichtgefahren für Vermögensschäden zu unterhalten. Die Berufshaftpflichtversicherung einer Partnerschaft mit beschränkter Berufshaftung nach § 8 Absatz 4 des Partnerschaftsgesellschaftsgesetzes, die nicht selbst als Wirtschaftsprüfungsgesellschaft zugelassen ist, muss die Haftpflichtgefahren für Vermögensschäden decken, die sich aus ihrer Berufstätigkeit im Sinne der §§ 2 oder 129 ergeben. Die Versicherung muss sich auch auf solche Vermögensschäden erstrecken, für die ein Berufsangehöriger nach den §§ 278 oder 831 des Bürgerlichen Gesetzbuchs einzustehen hat.

(2)   Der Versicherungsvertrag muss vorsehen, dass Versicherungsschutz für jede einzelne während der Geltung des Versicherungsvertrages begangene Pflichtverletzung zu gewähren ist, die gesetzliche Haftpflichtansprüche privatrechtlichen Inhalts gegen den Versicherungsnehmer zur Folge haben könnte. Der Versicherungsvertrag kann vorsehen, dass die Versicherungssumme den Höchstbetrag der dem Versicherer in jedem einzelnen Schadensfall obliegenden Leistung darstellt, und zwar mit der Maßgabe, dass nur eine einmalige Leistung der Versicherungssumme in Frage kommt

1.   gegenüber mehreren entschädigungspflichtigen Personen, auf welche sich der Versicherungsschutz erstreckt,

2.   bezüglich eines aus mehreren Pflichtverletzungen stammenden einheitlichen Schadens,

3.   bezüglich sämtlicher Folgen einer Pflichtverletzung ohne Rücksicht darauf, ob Schäden in einem oder in mehreren aufeinanderfolgenden Jahren entstanden sind.

Im Fall des Satzes 2 Nummer 3 gilt mehrfaches auf gleicher oder gleichartiger Fehlerquelle beruhendes Tun oder Unterlassen als einheitliche Pflichtverletzung, wenn die betreffenden Angelegenheiten miteinander in rechtlichem oder wirtschaftlichem Zusammenhang stehen. In diesem Fall kann die Leistung des Versicherers auf das Fünffache der Mindestversicherungssumme nach Absatz 4 Satz 1 begrenzt werden, soweit es sich nicht um gesetzlich vorgeschriebene Pflichtprüfungen handelt.

(3)   Von der Versicherung kann der Versicherungsschutz ausgeschlossen werden für

1.   Ersatzansprüche wegen wissentlicher Pflichtverletzung,

2.   Ersatzansprüche wegen Schäden, die durch Fehlbeträge bei der Kassenführung, durch Pflichtverletzungen beim Zahlungsakt oder durch Veruntreuung durch das Personal des Versicherungsnehmers entstehen,

3.   Ersatzansprüche, die vor Gerichten in Drittstaaten geltend gemacht werden, und

4.   Ersatzansprüche wegen Verletzung oder Nichtbeachtung des Rechts von Drittstaaten, soweit die Ansprüche nicht bei der das Abgabenrecht dieser Staaten betreffenden geschäftsmäßigen Hilfeleistung in Steuersachen entstehen und soweit das den Ersatzansprüchen zugrunde liegende Auftragsverhältnis

zwischen Versicherungsnehmer und Auftraggeber nicht deutschem Recht unterliegt.

(4)   Die Mindestversicherungssumme für den einzelnen Versicherungsfall muss den in § 323 Absatz 2 Satz 1 des Handelsgesetzbuchs bezeichneten Umfang betragen. Die Vereinbarung eines Selbstbehalts bis zur Höhe von 1 Prozent der Mindestversicherungssumme ist zulässig. Zuständige Stelle im Sinne des § 117 Absatz 2 des Versicherungsvertragsgesetzes ist die Wirtschaftsprüferkammer.

(5)   Die Wirtschaftsprüferkammer erteilt Dritten zur Geltendmachung von Schadensersatzansprüchen auf Antrag Auskunft über den Namen, die Adresse und die Versicherungsnummer der Berufshaftpflichtversicherung der Berufsangehörigen, der Wirtschaftsprüfungsgesellschaften oder der Partnerschaften mit beschränkter Berufshaftung, soweit diese kein überwiegendes schutzwürdiges Interesse an der Nichterteilung der Auskunft haben.

(6)   Die Wirtschaftsprüferkammer trifft im Rahmen der Berufssatzung die näheren Bestimmungen über den Versicherungsinhalt, den Versicherungsnachweis, das Anzeigeverfahren und die Überwachung der Versicherungspflicht.

§ 54a Vertragliche Begrenzung von Ersatzansprüchen

(1)   Der Anspruch der Auftraggeber aus den zwischen ihnen und den Berufsangehörigen bestehenden Vertragsverhältnissen auf Ersatz eines fahrlässig verursachten Schadens kann beschränkt werden

1.   durch schriftliche Vereinbarung im Einzelfall bis zur Mindesthöhe der Deckungssumme nach § 54 Absatz 4 Satz 1 oder

2.   durch vorformulierte Vertragsbedingungen auf den vierfachen Betrag der Mindesthöhe der Deckungssumme nach § 54 Absatz 4 Satz 1, wenn insoweit Versicherungsschutz besteht.

(2)   Die persönliche Haftung von Mitgliedern einer Personengesellschaft (§ 44b) auf Schadensersatz kann auch durch vorformulierte Vertragsbedingungen auf einzelne namentlich bezeichnete Mitglieder der Personengesellschaft beschränkt werden, die die vertragliche Leistung erbringen sollen.

(3)   Werden im Rahmen der gesetzlichen Abschlussprüfung Prüfungstätigkeiten durch Berufsangehörige auf Dritte übertragen, so bleibt die Pflichtenstellung der Berufsangehörigen gegenüber ihren Auftraggebern hiervon unberührt.

Fußnote

(+++ § 54a: Zur Anwendung vgl. § 139a F ab 31.8.1998 +++)

§ 55 Vergütung

(1)   Unbeschadet des Artikels 4 der Verordnung (EU) Nr. 537/2014 dürfen Berufsangehörige für Tätigkeiten nach § 2 Abs. 1 und 3 Nr. 1 und 3 keine Vereinbarung schließen, durch welche die Höhe der Vergütung vom Ergebnis ihrer Tätigkeit als Wirtschaftsprüfer abhängig gemacht wird. Für Tätigkeiten nach § 2 Abs. 2 gilt dies, soweit § 55a nichts anderes bestimmt. Die Vergütung für gesetzlich vorgeschriebene Abschlussprüfungen darf über Satz 1 hinaus nicht an weitere Bedingungen geknüpft sein und sie darf auch nicht von der Erbringung zusätzlicher Leistungen für das geprüfte Unternehmen beeinflusst oder bestimmt sein. Satz 3 gilt entsprechend für die Vergütung oder Leistungsbewertung von Personen, die an der Abschlussprüfung beteiligt sind oder auf andere Weise in der Lage sind, das Ergebnis der Abschlussprüfung zu beeinflussen. Besteht zwischen der erbrachten

Leistung und der vereinbarten Vergütung ein erhebliches Missverhältnis, muss der Wirtschaftsprüferkammer oder der Abschlussprüferaufsichtsstelle auf Verlangen nachgewiesen werden können, dass für die Prüfung eine angemessene Zeit aufgewandt und qualifiziertes Personal eingesetzt wurde.

(2)   Die Abgabe und Entgegennahme eines Teils der Vergütung oder sonstiger Vorteile für die Vermittlung von Aufträgen, gleichviel ob im Verhältnis zu Berufsangehörigen oder Dritten, ist unzulässig.

(3)   Die Abtretung von Vergütungsforderungen oder die Übertragung ihrer Einziehung an Berufsangehörige, an Berufsgesellschaften oder an Berufsausübungsgemeinschaften ist auch ohne Zustimmung der auftraggebenden Person zulässig; diese sind in gleicher Weise zur Verschwiegenheit verpflichtet wie die beauftragte Person. Satz 1 gilt auch bei einer Abtretung oder Übertragung an Berufsangehörige anderer freier Berufe, die einer entsprechenden gesetzlichen Verschwiegenheitspflicht unterliegen. Die Abtretung von Vergütungsforderungen oder die Übertragung ihrer Einziehung an andere Personen ist entweder bei rechtskräftiger Feststellung der Vergütungsforderung oder mit Zustimmung der auftraggebenden Person zulässig.

§ 55a Erfolgshonorar für Hilfeleistung in Steuersachen

(1)   Vereinbarungen, durch die eine Vergütung für eine Hilfeleistung in Steuersachen oder ihre Höhe vom Ausgang der Sache oder vom Erfolg der Tätigkeit des Wirtschaftsprüfers abhängig gemacht wird oder nach denen der Wirtschaftsprüfer einen Teil der zu erzielenden Steuerermäßigung, Steuerersparnis oder Steuervergütung als Honorar erhält (Erfolgshonorar), sind unzulässig, soweit nachfolgend nichts anderes bestimmt ist. Vereinbarungen, durch die der Wirtschaftsprüfer

sich verpflichtet, Gerichtskosten, Verwaltungskosten oder Kosten anderer Beteiligter zu tragen, sind unzulässig.

(2) Ein Erfolgshonorar darf nur für den Einzelfall und nur dann vereinbart werden, wenn der Auftraggeber aufgrund seiner wirtschaftlichen Verhältnisse bei verständiger Betrachtung ohne die Vereinbarung eines Erfolgshonorars von der Rechtsverfolgung abgehalten würde.

(3) Die Vereinbarung bedarf der Textform. Sie muss als Vergütungsvereinbarung oder in vergleichbarer Weise bezeichnet werden, von anderen Vereinbarungen mit Ausnahme der Auftragserteilung deutlich abgesetzt sein und darf nicht in der Vollmacht enthalten sein. Die Vereinbarung muss enthalten:

1. die erfolgsunabhängige Vergütung, zu der der Wirtschaftsprüfer bereit wäre, den Auftrag zu übernehmen, sowie

2. die Angabe, welche Vergütung bei Eintritt welcher Bedingungen verdient sein soll.

(4) In der Vereinbarung sind außerdem die wesentlichen Gründe anzugeben, die für die Bemessung des Erfolgshonorars bestimmend sind. Ferner ist ein Hinweis aufzunehmen, dass die Vereinbarung keinen Einfluss auf die gegebenenfalls vom Auftraggeber zu zahlenden Gerichtskosten, Verwaltungskosten und die von ihm zu erstattenden Kosten anderer Beteiligter hat.

(5) Aus einer Vergütungsvereinbarung, die nicht den Anforderungen der Absätze 2 und 3 entspricht, erhält der Wirtschaftsprüfer keine höhere als eine nach den Vorschriften des bürgerlichen Rechts bemessene Vergütung. Die Vorschriften des bürgerlichen Rechts über die ungerechtfertigte Bereicherung bleiben unberührt.

§ 55b Internes Qualitätssicherungssystem

(1)   Berufsangehörige haben für ihre Praxis Regelungen zu schaffen, die die Einhaltung ihrer Berufspflichten gewährleisten, und deren Anwendung zu überwachen und durchzusetzen (internes Qualitätssicherungssystem). Das interne Qualitätssicherungssystem soll in einem angemessenen Verhältnis zum Umfang und zur Komplexität der beruflichen Tätigkeit stehen. Das interne Qualitätssicherungssystem ist zu dokumentieren und den Mitarbeitern der Berufsangehörigen zur Kenntnis zu geben.

(2)   Bei Berufsangehörigen, die Abschlussprüfungen nach § 316 des Handelsgesetzbuchs durchführen, haben die Regelungen nach Absatz 1 angemessene Grundsätze und Verfahren zur ordnungsgemäßen Durchführung und Sicherung der Qualität der Abschlussprüfung zu umfassen. Dazu gehören zumindest

1.   solide Verwaltungs- und Rechnungslegungsverfahren, interne Qualitätssicherungsmechanismen, wirksame Verfahren zur Risikobewertung sowie wirksame Kontroll- und Sicherheitsvorkehrungen für Datenverarbeitungssysteme,

2.   Vorkehrungen zum Einsatz angemessener und wirksamer Systeme und Verfahren sowie der zur angemessenen Wahrnehmung der Aufgaben erforderlichen Mittel und des dafür erforderlichen Personals,

3.   Grundsätze und Verfahren, die die Einhaltung der Anforderungen an die Eigenverantwortlichkeit des verantwortlichen Abschlussprüfers nach § 44 Absatz 1 Satz 3 dieses Gesetzes und an die Unabhängigkeit nach den §§ 319 bis 319b des Handelsgesetzbuchs gewährleisten,

4.   Grundsätze und Verfahren, die sicherstellen, dass Mitarbeiter sowie sonstige unmittelbar an den Prüfungstätigkeiten beteiligte

Personen über angemessene Kenntnisse und Erfahrungen für die ihnen zugewiesenen Aufgaben verfügen sowie fortgebildet, angeleitet und kontrolliert werden,

5. die Führung von Prüfungsakten nach § 51b Absatz 5,

6. organisatorische und administrative Vorkehrungen für den Umgang mit Vorfällen, die die ordnungsmäßige Durchführung der Prüfungstätigkeiten beeinträchtigen können, und für die Dokumentation dieser Vorfälle,

7. Verfahren, die es den Mitarbeitern unter Wahrung der Vertraulichkeit ihrer Identität ermöglichen, potenzielle oder tatsächliche Verstöße gegen die Verordnung (EU) Nr. 537/2014 oder gegen Berufspflichten sowie etwaige strafbare Handlungen oder Ordnungswidrigkeiten innerhalb der Praxis an geeignete Stellen zu berichten,

8. Grundsätze der Vergütung und Gewinnbeteiligung nach § 55 und

9. Grundsätze und Verfahren, die gewährleisten, dass im Fall der Auslagerung wichtiger Prüfungstätigkeiten die interne Qualitätssicherung und die Berufsaufsicht nicht beeinträchtigt werden.

(3) Im Rahmen der Überwachung nach Absatz 1 Satz 1 haben Berufsangehörige, die Abschlussprüfungen nach § 316 des Handelsgesetzbuchs durchführen, das interne Qualitätssicherungssystem zumindest hinsichtlich der Grundsätze und Verfahren für die Abschlussprüfung, für die Fortbildung, Anleitung und Kontrolle der Mitarbeiter sowie für die Handakte einmal jährlich zu bewerten. Im Fall von Mängeln des internen Qualitätssicherungssystems haben sie die zu deren Behebung erforderlichen Maßnahmen zu ergreifen. Die Berufsangehörigen haben einmal jährlich in einem Bericht zu dokumentieren:

1. die Ergebnisse der Bewertung nach Satz 1,

2. Maßnahmen, die nach Satz 2 ergriffen oder vorgeschlagen wurden,

3. Verstöße gegen Berufspflichten oder gegen die Verordnung (EU) Nr. 537/2014, soweit diese nicht nur geringfügig sind, sowie

4. die aus Verstößen nach Nummer 3 erwachsenden Folgen und die zur Behebung der Verstöße ergriffenen Maßnahmen.

(4)   Bei Wirtschaftsprüfungsgesellschaften, die gesetzlich vorgeschriebene Abschlussprüfungen durchführen, liegt die Verantwortung für das interne Qualitätssicherungssystem bei Berufsangehörigen, vereidigten Buchprüfern oder vereidigten Buchprüferinnen oder EU- oder EWR-Abschlussprüfern.

§ 55c Bestellung eines Praxisabwicklers

(1)   Ist ein Berufsangehöriger oder eine Berufsangehörige verstorben, kann die Wirtschaftsprüferkammer einen anderen Berufsangehörigen oder eine andere Berufsangehörige zum Abwickler der Praxis bestellen. Ein Abwickler kann auch für die Praxis früherer Berufsangehöriger bestellt werden, deren Bestellung erloschen, zurückgenommen oder widerrufen worden ist. Die Bestellung erstreckt sich nicht auf Aufträge zur Durchführung gesetzlich vorgeschriebener Abschlussprüfungen nach § 316 des Handelsgesetzbuchs.

(2)   Der Abwickler ist in der Regel nicht länger als für die Dauer eines Jahres zu bestellen. Auf Antrag des Abwicklers ist die Bestellung jeweils höchstens um ein Jahr zu verlängern, wenn er glaubhaft macht, dass schwebende Angelegenheiten noch nicht zu Ende geführt werden konnten.

(3)   Dem Abwickler obliegt es, die schwebenden Angelegenheiten abzuwickeln. Er führt die laufenden Aufträge fort; innerhalb der ersten sechs Monate ist er auch berechtigt, neue Aufträge anzunehmen. Ihm stehen die gleichen Befugnisse zu, die die ehemaligen Berufsangehörigen hatten. Der Abwickler gilt für die schwebenden Angelegenheiten als von der Partei bevollmächtigt, sofern diese nicht für die Wahrnehmung ihrer Rechte in anderer Weise gesorgt hat.

(4)   Berufsangehörige, die zum Abwickler bestellt werden sollen, können die Abwicklung nur aus einem wichtigen Grund ablehnen. Über die Zulässigkeit der Ablehnung entscheidet die Wirtschaftsprüferkammer.

(5)   Dem Abwickler stehen im Rahmen der eigenen Befugnisse die rechtlichen Befugnisse der Berufsangehörigen zu, deren Praxis er abwickelt. Der Abwickler wird in eigener Verantwortung, jedoch im Interesse, für Rechnung und auf Kosten der abzuwickelnden Praxis tätig. Die §§ 666, 667 und 670 des Bürgerlichen Gesetzbuchs gelten entsprechend.

(6)   Der Abwickler ist berechtigt, die Praxisräume zu betreten und die zur Praxis gehörenden Gegenstände einschließlich des den ehemaligen Berufsangehörigen zur Verwahrung unterliegenden Treugutes in Besitz zu nehmen, herauszuverlangen und hierüber zu verfügen. An Weisungen der ehemaligen Berufsangehörigen oder deren Erben ist er nicht gebunden. Die ehemaligen Berufsangehörigen oder deren Erben dürfen die Tätigkeit des Abwicklers nicht beeinträchtigen. Die ehemaligen Berufsangehörigen oder deren Erben haben dem Abwickler eine angemessene Vergütung zu zahlen, für die Sicherheit zu leisten ist, wenn die Umstände es erfordern. Können sich die Beteiligten über die Höhe der Vergütung oder über die Sicherheit nicht einigen oder wird die geschuldete Sicherheit nicht geleistet, setzt der Vorstand der Wirtschaftsprüferkammer auf Antrag der ehemaligen Berufsangehörigen oder deren Erben oder des Abwicklers die

Vergütung fest. Der Abwickler ist befugt, Vorschüsse auf die vereinbarte oder festgesetzte Vergütung zu entnehmen. Für die festgesetzte Vergütung haftet die Wirtschaftsprüferkammer wie ein Ausfallbürge.

(7)   Der Abwickler ist berechtigt, jedoch außer im Rahmen eines Kostenfestsetzungsverfahrens nicht verpflichtet, Gebührenansprüche und Kostenforderungen der ehemaligen Berufsangehörigen im eigenen Namen geltend zu machen, im Falle verstorbener Berufsangehöriger allerdings nur für Rechnung der Erben.

(8)   Die Bestellung kann widerrufen werden.

(9)   Der Abwickler darf für die Dauer von zwei Jahren nach Ablauf der Bestellung nicht für Auftraggeber tätig werden, die er in seiner Eigenschaft als Abwickler betreut hat, es sei denn, es liegt eine schriftliche Einwilligung der ehemaligen Berufsangehörigen oder deren Erben vor.

§ 56 Anwendung der Vorschriften über die Rechte und Pflichten der Wirtschaftsprüfer auf Wirtschaftsprüfungsgesellschaften

(1)   Die §§ 43, 43a Absatz 2 und 3, §§ 44b, 49 bis 53, 54a und 55 bis 55c gelten sinngemäß für Wirtschaftsprüfungsgesellschaften sowie für Vorstandsmitglieder, Geschäftsführer, Partner und persönlich haftende Gesellschafter einer Wirtschaftsprüfungsgesellschaft, die nicht Wirtschaftsprüfer sind.

(2)   Die Mitglieder der durch Gesetz, Satzung oder Gesellschaftsvertrag vorgesehenen Aufsichtsorgane der Gesellschaften sind zur Verschwiegenheit verpflichtet.

Vierter Teil

Organisation des Berufs

§ 57 Aufgaben der Wirtschaftsprüferkammer

(1)   Die Wirtschaftsprüferkammer erfüllt die ihr durch Gesetz zugewiesenen Aufgaben; sie hat die beruflichen Belange der Gesamtheit ihrer Mitglieder zu wahren und die Erfüllung der beruflichen Pflichten zu überwachen.

(2)   Der Wirtschaftsprüferkammer obliegt insbesondere:

1.   die Mitglieder in Fragen der Berufspflichten zu beraten und zu belehren;

2.   auf Antrag bei Streitigkeiten unter den Mitgliedern zu vermitteln;

3.   auf Antrag bei Streitigkeiten zwischen Mitgliedern und ihren Auftraggebern zu vermitteln;

4.   die Erfüllung der den Mitgliedern obliegenden Pflichten zu überwachen und unbeschadet des § 66a Absatz 4 Satz 2 und Absatz 6 berufsaufsichtliche Maßnahmen zu verhängen;

5.   (weggefallen)

6.   in allen die Gesamtheit der Mitglieder berührenden Angelegenheiten die Auffassung der Wirtschaftsprüferkammer den zuständigen Gerichten, Behörden und Organisationen gegenüber zur Geltung zu bringen;

7.   Gutachten zu erstatten, die ein Gericht oder eine Verwaltungsbehörde oder eine an der Gesetzgebung beteiligte Körperschaft des Bundes oder Landes anfordert;

8.   die durch Gesetz zugewiesenen Aufgaben im Bereich der Berufsbildung wahrzunehmen;

9.   (weggefallen)

10. die berufliche Fortbildung der Mitglieder und Ausbildung des Berufsnachwuchses zu fördern;

11. die Vorschlagsliste der ehrenamtlichen Beisitzer bei den Berufsgerichten den Landesjustizverwaltungen und dem Bundesministerium der Justiz und für Verbraucherschutz einzureichen;

12. das Berufsregister zu führen;

13. Fürsorgeeinrichtungen für Wirtschaftsprüfer und vereidigte Buchprüfer sowie deren Hinterbliebene zu schaffen;

14. ein System der Qualitätskontrolle zu betreiben;

15. Wirtschaftsprüfer sowie vereidigte Buchprüfer zu bestellen, Wirtschaftsprüfungsgesellschaften sowie Buchprüfungsgesellschaften anzuerkennen und Bestellungen sowie Anerkennungen zurückzunehmen oder zu widerrufen;

16. eine selbstständige Prüfungsstelle einzurichten und zu unterhalten;

17. die ihr als Bundesberufskammer gesetzlich eingeräumten Befugnisse im Rahmen der Geldwäschebekämpfung wahrzunehmen.

(3)   Die Wirtschaftsprüferkammer kann eine Satzung über die Rechte und Pflichten bei der Ausübung der Berufe des Wirtschaftsprüfers und des vereidigten Buchprüfers (Berufssatzung) erlassen; die Berufssatzung wird vom Beirat der Wirtschaftsprüferkammer

beschlossen. Die Satzung tritt drei Monate nach Übermittlung an das Bundesministerium für Wirtschaft und Energie in Kraft, soweit nicht das Bundesministerium für Wirtschaft und Energie die Satzung oder Teile derselben aufhebt. Für Änderungen der Berufssatzung gelten die Sätze 1 und 2 entsprechend.

(4)   Die Berufssatzung kann im Rahmen der Vorschriften dieses Gesetzes näher regeln:

1.   Allgemeine Berufspflichten

    a)   Unabhängigkeit, Gewissenhaftigkeit, Verschwiegenheit, Eigenverantwortlichkeit;

    b)   berufswürdiges Verhalten;

    c)   Wechsel des Auftraggebers und Verbot der Vertretung widerstreitender Interessen;

    d)   vereinbare und unvereinbare Tätigkeiten;

    e)   Inhalt, Umfang und Nachweis der Berufshaftpflichtversicherung nach § 54 Absatz 6;

    f)   Vereinbarung und Abrechnung der Vergütung der beruflichen Tätigkeit und deren Beitreibung;

    g)   Umgang mit fremden Vermögenswerten;

    h)   Ausbildung des Berufsnachwuchses sowie der Fachgehilfen in steuer- und wirtschaftsberatenden Berufen;

    i)   Siegelgestaltung (Form, Größe, Art und Beschriftung) und Siegelführung nach § 48 Abs. 2;

j) Verbot der Mitwirkung bei unbefugter Hilfeleistung in Steuersachen;

k) Verbot der Verwertung von Berufsgeheimnissen;

l) Art, Umfang und Nachweis der allgemeinen Fortbildungspflicht nach § 43 Abs. 2 Satz 4, wobei der Umfang der vorgeschriebenen Teilnahme an Fortbildungsveranstaltungen 20 Stunden im Jahr nicht überschreiten darf.

2. Besondere Berufspflichten bei der Durchführung von Prüfungen und der Erstattung von Gutachten

a) Unbefangenheit, Unparteilichkeit und Versagung der Tätigkeit;

b) Ausschluß als Prüfer oder Gutachter.

3. Besondere Berufspflichten

a) im Zusammenhang mit der Annahme, Wahrnehmung und Beendigung eines Auftrags und bei der Nachfolge im Mandat;

b) bei der Führung von Handakten;

c) bei der gemeinsamen Berufsausübung;

d) bei der Errichtung und Tätigkeit von Berufsgesellschaften;

e) bei grenzüberschreitender Tätigkeit;

f) gegenüber Gerichten, Behörden, der Wirtschaftsprüferkammer und anderen Mitgliedern der Wirtschaftsprüferkammer;

g)   im Zusammenhang mit der Beratungshilfe.

4.   Durchführungsvorschriften zu den Kriterien zur Beschreibung der Vergütungsgrundlagen im Sinne von Artikel 13 Absatz 2 Buchstabe i der Verordnung (EU) Nr. 537/2014.

5.   Besondere Berufspflichten zur Sicherung der Qualität der Berufsarbeit (§ 55b).

(5)   Die Wirtschaftsprüferkammer kann die in Absatz 2 Nr. 1 bis 3 bezeichneten Aufgaben einzelnen Mitgliedern des Vorstandes übertragen; weitere Aufgaben können Abteilungen im Sinne des § 59a übertragen werden. Im Falle des Absatzes 2 Nr. 4 zweite Alternative entscheidet der Vorstand über den Einspruch (§ 68 Absatz 5 Satz 2).

(6)   Soweit nicht die Zuständigkeit der Abschlussprüferaufsichtsstelle nach § 66c Absatz 2 gegeben ist, leistet die Wirtschaftsprüferkammer einer für die Bestellung, Anerkennung, Berufsaufsicht und Qualitätskontrolle zuständigen Stelle in einem anderen Mitgliedstaat der Europäischen Union oder Vertragsstaat des Abkommens über den Europäischen Wirtschaftsraum Amtshilfe, soweit dies für die Wahrnehmung der genannten Aufgaben der zuständigen Stelle im Einzelfall erforderlich ist. Ist die Erledigung einer Anfrage innerhalb einer angemessenen Frist nicht möglich, teilt die Wirtschaftsprüferkammer dies unter Angabe von Gründen mit. Die Wirtschaftsprüferkammer lehnt es ab, auf eine Anfrage eigene Ermittlungen durchzuführen, wenn

1.   aufgrund derselben Handlung und gegen dieselbe Person in Deutschland bereits ein berufsgerichtliches Verfahren anhängig ist oder

2.   gegen die betreffende Person aufgrund derselben Handlung in Deutschland bereits ein rechtskräftiges Urteil ergangen ist. Macht die Wirtschaftsprüferkammer von ihrem Recht nach Satz 3

Gebrauch, so teilt sie dies unverzüglich der ersuchenden Stelle unter Angabe der Gründe mit und übermittelt genaue Informationen über das berufsgerichtliche Verfahren oder das rechtskräftige Urteil.

(7)   Die Wirtschaftsprüferkammer darf Informationen, einschließlich personenbezogener Daten, an die in Absatz 6 Satz 1 genannten Stellen auf Ersuchen übermitteln, soweit die Kenntnis der Informationen zur Wahrnehmung der in Absatz 6 Satz 1 genannten Aufgaben der zuständigen Stelle im Einzelfall erforderlich ist. Informationen, die einer Geheimhaltungspflicht unterliegen, dürfen nur übermittelt werden, wenn zusätzlich sichergestellt ist, dass sie bei diesen Stellen in gleicher Weise geheim gehalten werden. Bei der Übermittlung personenbezogener Daten ist auf den Zweck hinzuweisen, für den die Daten übermittelt werden. Die Übermittlung von Informationen einschließlich personenbezogener Daten unterbleibt, soweit hierdurch die öffentliche Sicherheit oder Ordnung beeinträchtigt werden könnte.

(8)   Soweit nicht die Zuständigkeit der Abschlussprüferaufsichtsstelle nach § 66c Absatz 5 gegeben ist, arbeitet die Wirtschaftsprüferkammer mit den für die Bestellung, Anerkennung, Berufsaufsicht und Qualitätskontrolle zuständigen Stellen anderer als der in Absatz 6 Satz 1 genannten Staaten zusammen, soweit dies für die Wahrnehmung der jeweiligen Aufgabe der zuständigen Stelle im Einzelfall erforderlich ist. Absatz 6 Satz 2 bis 4 gilt entsprechend.

(9)   Die Wirtschaftsprüferkammer darf Informationen, einschließlich personenbezogener Daten, an die in Absatz 8 Satz 1 genannten Stellen auf Ersuchen übermitteln, soweit die Kenntnis der Informationen zur Wahrnehmung der in Absatz 8 Satz 1 genannten Aufgaben der zuständigen Stelle im Einzelfall erforderlich ist. Informationen, die einer Geheimhaltungspflicht unterliegen, dürfen nur übermittelt werden, wenn zusätzlich sichergestellt ist, dass sie bei diesen Stellen in gleicher Weise geheim gehalten werden. Für die Übermittlung

personenbezogener Daten an die zuständige Stelle nach Absatz 8 Satz 1 gelten § 4b Abs. 2 bis 6 und § 4c des Bundesdatenschutzgesetzes entsprechend. Die Übermittlung von Informationen, einschließlich personenbezogener Daten, unterbleibt, soweit hierdurch die öffentliche Sicherheit oder Ordnung beeinträchtigt werden könnte. Legt die zuständige Stelle begründet dar, dass sie mit der Erledigung durch die Wirtschaftsprüferkammer nicht einverstanden ist, kann die Wirtschaftsprüferkammer unter den Voraussetzungen der Sätze 1 bis 4 Arbeitsunterlagen und andere Dokumente auf Anforderung der zuständigen Stelle an diese herausgeben, wenn

1. diese Arbeitsunterlagen oder Dokumente sich auf Prüfungen von Unternehmen beziehen, die Wertpapiere in diesem Drittstaat ausgegeben haben oder Teile eines Konzerns sind, der in diesem Staat einen Konzernabschluss vorlegt,

2. die zuständige Stelle die Anforderungen erfüllt, auf die in Artikel 47 Abs. 3 der Richtlinie 2006/43/EG Bezug genommen wird und die von der Kommission der Europäischen Gemeinschaften als angemessen erklärt wurden,

3. auf der Grundlage der Gegenseitigkeit eine Vereinbarung zur Zusammenarbeit zwischen der Wirtschaftsprüferkammer und der jeweiligen Stelle getroffen wurde.

§ 57a Qualitätskontrolle

(1)   Berufsangehörige in eigener Praxis und Wirtschaftsprüfungsgesellschaften sind verpflichtet, sich einer Qualitätskontrolle zu unterziehen, wenn sie gesetzlich vorgeschriebene Abschlussprüfungen nach § 316 des Handelsgesetzbuchs durchführen. Sie sind verpflichtet, dies bei der Wirtschaftsprüferkammer spätestens zwei Wochen nach Annahme eines Prüfungsauftrages anzuzeigen. Mit der Anzeige sind Art und Umfang der Tätigkeit mitzuteilen. Wesentliche

Änderungen von Art und Umfang der Prüfungstätigkeit sind ebenfalls mitzuteilen.

(2)   Die Qualitätskontrolle dient der Überwachung, ob die Regelungen zur Qualitätssicherung nach Maßgabe der gesetzlichen Vorschriften und der Berufssatzung insgesamt und bei der Durchführung einzelner Aufträge eingehalten werden. Sie erstreckt sich auf Abschlussprüfungen nach § 316 des Handelsgesetzbuchs und auf betriebswirtschaftliche Prüfungen, die von der Bundesanstalt für Finanzdienstleistungsaufsicht beauftragt werden. Sie umfasst auf der Grundlage einer angemessenen Überprüfung ausgewählter Prüfungsunterlagen eine Beurteilung der Angemessenheit und Wirksamkeit des Qualitätssicherungssystems nach § 55b, insbesondere bezogen auf die Einhaltung der einschlägigen Berufsausübungsregelungen, die Unabhängigkeitsanforderungen, die Quantität und Qualität der eingesetzten Mittel und des Personals sowie die berechnete Vergütung. Die Qualitätskontrolle findet auf der Grundlage einer Risikoanalyse mindestens alle sechs Jahre statt. Haben zu Prüfende erstmals nach Absatz 1 Satz 2 angezeigt, gesetzlich vorgeschriebene Abschlussprüfungen nach § 316 des Handelsgesetzbuchs durchzuführen, hat die Qualitätskontrolle spätestens drei Jahre nach Beginn der ersten derartigen Prüfung stattzufinden. Die Entscheidung über den Zeitpunkt der Qualitätskontrolle und die Anordnung gegenüber den zu Prüfenden trifft die Kommission für Qualitätskontrolle.

(3)   Die Qualitätskontrolle wird durch bei der Wirtschaftsprüferkammer registrierte Berufsangehörige in eigener Praxis oder durch Wirtschaftsprüfungsgesellschaften (Prüfer für Qualitätskontrolle) durchgeführt. Berufsangehörige sind auf Antrag zu registrieren, wenn

1.   sie seit mindestens drei Jahren als Wirtschaftsprüfer bestellt und dabei im Bereich der gesetzlichen Abschlussprüfung tätig sind;

2. sie eine spezielle Ausbildung in der Qualitätskontrolle absolviert haben und

3. gegen sie in den letzten fünf Jahren keine berufsaufsichtliche Maßnahme nach § 68 Absatz 1 Satz 2 Nummer 2 bis 6 wegen der Verletzung einer Berufspflicht verhängt worden ist, die ihre Eignung als Prüfer für Qualitätskontrolle ausschließt.

Die Registrierung setzt für Berufsangehörige in eigener Praxis voraus, dass sie nach § 38 Nummer 1 Buchstabe h als gesetzlicher Abschlussprüfer eingetragen sind. Wirtschaftsprüfungsgesellschaften sind auf Antrag zu registrieren, wenn mindestens ein gesetzlicher Vertreter oder ein Mitglied des zur gesetzlichen Vertretung berufenen Organs nach Satz 2 registriert ist, sie nach § 38 Nummer 2 Buchstabe f als gesetzliche Abschlussprüfer eingetragen sind und sie die Anforderungen nach Satz 2 Nummer 3 erfüllen. Wird einer Wirtschaftsprüfungsgesellschaft der Auftrag zur Durchführung einer Qualitätskontrolle erteilt, so müssen die für die Qualitätskontrolle verantwortlichen Berufsangehörigen entweder dem Personenkreis nach Satz 4 angehören oder Gesellschafter der Wirtschaftsprüfungsgesellschaft und nach Satz 2 registriert sein. Sind als Prüfer für Qualitätskontrolle registrierte Berufsangehörige, welche die Voraussetzung von Satz 3 nicht erfüllen, in eigener Praxis und in sonstiger Weise tätig, dürfen sie keine Qualitätskontrolle in eigener Praxis durchführen.

(3a) Die Registrierung als Prüfer für Qualitätskontrolle ist zu widerrufen, wenn die Voraussetzungen für die Registrierung als Prüfer für Qualitätskontrolle entfallen sind. Sie ist insbesondere zu widerrufen, wenn

1. die Eintragung als gesetzlicher Abschlussprüfer gemäß Absatz 6a Satz 2 gelöscht worden ist,

2.   der Prüfer für Qualitätskontrolle in den letzten drei Jahren nicht mehr im Bereich der gesetzlichen Abschlussprüfungen tätig gewesen ist,

3.   gegen den Prüfer für Qualitätskontrolle eine unanfechtbare berufsaufsichtliche Maßnahme nach § 68 Absatz 1 Satz 2 Nummer 2 bis 6 verhängt worden ist, die seine Eignung als Prüfer für Qualitätskontrolle ausschließt, oder

4.   der Prüfer für Qualitätskontrolle in den letzten drei Jahren keine spezielle Fortbildung in der Qualitätskontrolle nachweisen kann.

Die Registrierung einer als Prüfer für Qualitätskontrolle registrierten Wirtschaftsprüfungsgesellschaft ist zu widerrufen, wenn sie die Voraussetzungen nach Absatz 3 Satz 4 nicht mehr erfüllt.

(4)   Berufsangehörige oder Wirtschaftsprüfungsgesellschaften dürfen nicht als Prüfer für Qualitätskontrolle tätig werden, wenn kapitalmäßige, finanzielle oder persönliche Bindungen, insbesondere als Teilhaber oder Mitarbeiter, zu den zu prüfenden Berufsangehörigen oder Wirtschaftsprüfungsgesellschaften oder sonstige Umstände, welche die Besorgnis der Befangenheit begründen, bestehen oder in den letzten drei Jahren vor ihrer Beauftragung bestanden haben. Ferner sind wechselseitige Qualitätskontrollen ausgeschlossen. Prüfer für Qualitätskontrolle haben zu erklären, dass keine Ausschlussgründe oder sonstigen Interessenkonflikte zwischen ihnen und den zu Prüfenden bestehen.

(5)   Prüfer für Qualitätskontrolle haben das Ergebnis der Qualitätskontrolle in einem Bericht (Qualitätskontrollbericht) zusammenzufassen. Der Qualitätskontrollbericht hat zu enthalten:

1.   die Nennung der Kommission für Qualitätskontrolle und der Geprüften als Empfänger oder Empfängerinnen des Berichts,

2. eine Beschreibung von Gegenstand, Art und Umfang der Prüfung, einschließlich einer Beschreibung des Qualitätssicherungssystems nach § 55b,

3. eine nach Prüfungsart gegliederte Angabe der Stundenanzahl,

4. die Zusammensetzung und Qualifikation der Prüfer für Qualitätskontrolle und

5. eine Beurteilung des Prüfungsergebnisses nach Absatz 2 Satz 3.

Zum Inhalt und zur Vereinheitlichung des Aufbaus des Qualitätskontrollberichts nach § 57c Absatz 2 Nummer 6 getroffene weitere Bestimmungen sind zu beachten. Sind von den Prüfern für Qualitätskontrolle keine wesentlichen Mängel im Qualitätssicherungssystem festgestellt worden, haben sie zu erklären, dass ihnen keine Sachverhalte bekannt geworden sind, die gegen die Annahme sprechen, dass das Qualitätssicherungssystem der Praxis in Einklang mit den gesetzlichen oder satzungsmäßigen Anforderungen steht und mit hinreichender Sicherheit eine ordnungsgemäße Abwicklung von Abschlussprüfungen nach § 316 des Handelsgesetzbuchs und von betriebswirtschaftlichen Prüfungen, die von der Bundesanstalt für Finanzdienstleistungsaufsicht beauftragt werden, gewährleistet. Sind Mängel im Qualitätssicherungssystem oder Prüfungshemmnisse festgestellt worden, so haben die Prüfer für Qualitätskontrolle diese zu benennen, Empfehlungen zur Beseitigung der Mängel zu geben und, sofern die festgestellten Mängel wesentlich sind, ihre Erklärung nach Satz 4 einzuschränken oder zu versagen. Eine Einschränkung oder Versagung ist zu begründen.

(5a) Bei Berufsangehörigen, die gesetzlich vorgeschriebene Abschlussprüfungen bei Unternehmen von öffentlichem Interesse nach § 319a Absatz 1 Satz 1 des Handelsgesetzbuchs durchführen, sind im Rahmen der Qualitätskontrolle die Ergebnisse der Inspektion nach

Artikel 26 der Verordnung (EU) Nr. 537/2014 zu berücksichtigen. Die Qualitätskontrolle und der Qualitätskontrollbericht haben nicht die in Artikel 26 Absatz 6 der Verordnung (EU) Nr. 537/2014 genannten Bereiche zu betreffen. Auf der Grundlage des aktuellen Inspektionsberichts beurteilen die Prüfer für Qualitätskontrolle ausschließlich die Wirksamkeit des Qualitätssicherungssystems bei gesetzlich vorgeschriebenen Abschlussprüfungen von Unternehmen, die nicht von öffentlichem Interesse im Sinne des § 319a Absatz 1 Satz 1 des Handelsgesetzbuchs sind, und bei betriebswirtschaftlichen Prüfungen, die von der Bundesanstalt für Finanzdienstleistungsaufsicht beauftragt werden, und benennen gegebenenfalls festgestellte Mängel in Bezug auf diese Prüfungen. Der Qualitätskontrollbericht ist der Kommission für Qualitätskontrolle, den Geprüften und der Abschlussprüferaufsichtsstelle zu übermitteln. Im Übrigen gilt Absatz 5 entsprechend.

(5b)   Die Qualitätskontrolle muss im Hinblick auf den Umfang und die Komplexität der Tätigkeit der Geprüften geeignet und angemessen sein. Dies ist insbesondere bei der gesetzlichen Abschlussprüfung von mittleren und kleinen Unternehmen nach § 267 Absatz 1 und 2 des Handelsgesetzbuchs zu berücksichtigen, wobei der Art, der Anzahl der Mandate und der Größe der Praxis des Geprüften besondere Bedeutung zukommt.

(6)   Die zu Prüfenden haben bei der Kommission für Qualitätskontrolle bis zu drei Vorschläge für mögliche Prüfer für Qualitätskontrolle einzureichen. Die eingereichten Vorschläge müssen jeweils um eine Unabhängigkeitsbestätigung der Prüfer für Qualitätskontrolle nach Maßgabe der Satzung für Qualitätskontrolle ergänzt sein (§ 57c Absatz 2 Nummer 7). Von den Vorschlägen kann die Kommission für Qualitätskontrolle unter Angabe der Gründe einzelne oder alle ablehnen; dies ist den zu Prüfenden innerhalb von vier Wochen seit Einreichung der Vorschläge mitzuteilen, ansonsten gelten

die Vorschläge als anerkannt. Bei Ablehnung aller Vorschläge können die zu Prüfenden bis zu drei neue Vorschläge einreichen; die Sätze 2 und 3 finden Anwendung. Im Fall der erneuten Ablehnung aller Vorschläge hat die Kommission für Qualitätskontrolle einen zu beauftragenden Prüfer für Qualitätskontrolle zu benennen. Die Prüfer für Qualitätskontrolle sind von den zu Prüfenden eigenverantwortlich zu beauftragen.

(6a)   Nach Abschluss der Prüfung leiten die Prüfer für Qualitätskontrolle eine Ausfertigung des Qualitätskontrollberichts unverzüglich und möglichst elektronisch der Wirtschaftsprüferkammer zu. Die Kommission für Qualitätskontrolle entscheidet auf Löschung der Eintragung nach § 38 Nummer 1 Buchstabe h oder Nummer 2 Buchstabe f, wenn

1.   die Qualitätskontrolle nicht innerhalb der von der Kommission für Qualitätskontrolle vorgegebenen Frist oder unter Verstoß gegen Absatz 3 Satz 1 und 5 oder Absatz 4 durchgeführt worden ist,

2.   wesentliche Prüfungshemmnisse festgestellt worden sind oder

3.   wesentliche Mängel im Qualitätssicherungssystem festgestellt worden sind, die das Qualitätssicherungssystem als unangemessen oder unwirksam erscheinen lassen.

(7)   Aufträge zur Durchführung der Qualitätskontrolle können nur aus wichtigem Grund gekündigt werden. Meinungsverschiedenheiten über den Inhalt des Qualitätskontrollberichts gelten nicht als wichtiger Grund. Prüfer für Qualitätskontrolle haben der Kommission für Qualitätskontrolle über das Ergebnis ihrer bisherigen Prüfung und den Kündigungsgrund zu berichten. Der Bericht ist von den zu Prüfenden im Fall einer späteren Qualitätskontrolle den nächsten Prüfern für Qualitätskontrolle vorzulegen.

(8)   Die Wirtschaftsprüferkammer hat den Qualitätskontrollbericht sieben Jahre nach Eingang aufzubewahren und anschließend zu vernichten. Im Fall eines anhängigen Rechtsstreits über Maßnahmen der Kommission für Qualitätskontrolle verlängert sich die Frist bis zur Rechtskraft des Urteils.

Fußnote

(+++ § 57a Abs. 3a u. Abs. 4: Zur Anwendung vgl. § 63f Abs. 3 GenG +++)
(+++ § 57a Abs. 5, 5b, 6, 6a u. 8: Zur Anwendung vgl. § 63g Abs. 2 GenG +++)
(+++ § 57a Abs. 7: Zur Anwendung vgl. § 63g Abs. 1 GenG +++)

§ 57b Verschwiegenheitspflicht und Verantwortlichkeit

(1)   Der Prüfer für Qualitätskontrolle und seine Gehilfen, die Mitglieder der Kommission für Qualitätskontrolle (§ 57e) und die Bediensteten der Wirtschaftsprüferkammer sind, auch nach Beendigung ihrer Tätigkeit, verpflichtet, über die ihnen im Rahmen der Qualitätskontrolle bekannt gewordenen Angelegenheiten Verschwiegenheit zu bewahren.

(2)   Für die Mitglieder der Kommission für Qualitätskontrolle und die Bediensteten der Wirtschaftsprüferkammer gilt § 64 Abs. 2 entsprechend. Der Genehmigung bedarf auch die Vorlegung oder Auslieferung von Schriftstücken durch die Wirtschaftsprüferkammer an Gerichte oder Behörden. Die Genehmigung erteilt in den Fällen der Sätze 1 und 2 die Kommission für Qualitätskontrolle. Sie kann nur erteilt werden, wenn der Beschuldigte den geprüften Wirtschaftsprüfer, die geprüfte Wirtschaftsprüfungsgesellschaft oder den Prüfer für Qualitätskontrolle von der Pflicht zur Verschwiegenheit entbunden hat.

(3)   Soweit dies zur Durchführung der Qualitätskontrolle erforderlich ist, ist die Pflicht zur Verschwiegenheit nach Absatz 1, § 43 Abs. 1 Satz 1, § 64 Abs. 1 dieses Gesetzes und § 323 Abs. 1 Satz 1 des Handelsgesetzbuchs sowie die Pflicht zur Verschwiegenheit der Personen, die den Beruf gemeinsam mit dem Wirtschaftsprüfer in eigener Praxis ausüben, eingeschränkt.

(4)   § 323 des Handelsgesetzbuchs gilt vorbehaltlich des Absatzes 3 entsprechend.

Fußnote

(+++ § 57b: Zur Anwendung vgl. § 63g Abs. 2 GenG +++)

§ 57c Satzung für Qualitätskontrolle

(1)   Die Wirtschaftsprüferkammer erlässt eine Satzung für Qualitätskontrolle; die Satzung wird vom Beirat der Wirtschaftsprüferkammer beschlossen. Die Satzung und deren Änderungen bedürfen zu ihrer Wirksamkeit der Genehmigung des Bundesministeriums für Wirtschaft und Energie im Einvernehmen mit dem Bundesministerium der Justiz und für Verbraucherschutz.

(2)   Die Satzung für Qualitätskontrolle hat im Rahmen der Vorschriften dieses Gesetzes näher zu regeln:

1.   die Voraussetzungen und das Verfahren der Registrierung der Prüfer für Qualitätskontrolle sowie des Widerrufs der Registrierung nach § 57a Absatz 3 und 3a sowie nach § 63f Abs. 2 des Gesetzes betreffend die Erwerbs- und Wirtschaftsgenossenschaften;

2.   Ausschlussgründe des Prüfers für Qualitätskontrolle nach § 57a Abs. 4;

3.   das Verfahren nach den §§ 57a ff. innerhalb der Wirtschaftsprüferkammer;

4.   die Mitteilungspflichten nach § 57a Absatz 1 Satz 3 und 4, die Risikoanalyse nach § 57a Absatz 2 Satz 4 und die Anordnung der Qualitätskontrolle nach § 57a Absatz 2 Satz 6;

5.   die Maßnahmen der Kommission für Qualitätskontrolle;

6.   Umfang und Inhalt der Qualitätskontrolle nach § 57a Absatz 2 Satz 3 und des Qualitätskontrollberichts nach § 57a Absatz 5;

7.   Bestimmungen zu Inhalt und Aufbau der Unabhängigkeitsbestätigung nach § 57a Abs. 6 Satz 2;

8.   Umfang und Inhalt der speziellen Ausbildungsverpflichtung nach § 57a Absatz 3 Satz 2 Nummer 2, der in § 57a Absatz 3a genannten speziellen Fortbildung sowie den entsprechenden Aus- oder Fortbildungsnachweis.

Fußnote

(+++ § 57c: Zur Anwendung vgl. § 63g Abs. 2 GenG +++)

§ 57d Mitwirkungspflichten

Wirtschaftsprüfer in eigener Praxis, Wirtschaftsprüfungsgesellschaften sowie die Personen, die den Beruf gemeinsam mit diesen ausüben, sind verpflichtet, dem Prüfer Zutritt zu den Praxisräumen zu gewähren, Aufklärungen zu geben sowie die verlangten Nachweise vorzulegen, soweit dies für eine sorgfältige Prüfung erforderlich ist. § 62 Absatz 2 und 3 gilt entsprechend. Die Mitwirkung kann nicht im Wege des Verwaltungszwangs nach § 57e Abs. 3 erzwungen werden.

Fußnote

(+++ § 57d: Zur Anwendung vgl. § 63g Abs. 2 GenG +++)

§ 57e Kommission für Qualitätskontrolle

(1)   In der Wirtschaftsprüferkammer wird eine Kommission für Qualitätskontrolle eingerichtet. Mitglieder der Kommission für Qualitätskontrolle sind Berufsangehörige und vereidigte Buchprüfer, die auf Vorschlag des Vorstands vom Beirat gewählt werden; mindestens ein Mitglied soll im genossenschaftlichen Prüfungswesen erfahren und tätig sein. Sie sind unabhängig und nicht weisungsgebunden. Die Kommission für Qualitätskontrolle ist innerhalb der Wirtschaftsprüferkammer zuständig für alle Angelegenheiten der Qualitätskontrolle im Sinne von § 57a, soweit nicht die Abschlussprüferaufsichtsstelle zuständig ist. Ihr obliegt insbesondere:

1.   Anordnungen zur Durchführung einer Qualitätskontrolle nach § 57a Absatz 2 Satz 6 zu treffen;

2.   Prüfer für Qualitätskontrolle nach § 57a Abs. 3 zu registrieren;

3.   Qualitätskontrollberichte entgegenzunehmen und auszuwerten;

4.   die Aufsicht über die Prüfer für Qualitätskontrolle nach Absatz 7 sowie Entscheidungen über die Rücknahme oder den Widerruf der Registrierung als Prüfer für Qualitätskontrolle zu treffen;

5.   über Maßnahmen nach den Absätzen 2 und 3 und die Löschung der Eintragung nach § 57a Absatz 6a Satz 2 zu entscheiden;

6.   Widersprüche gegen Entscheidungen im Zusammenhang mit der Qualitätskontrolle zu bescheiden.

Die Kommission für Qualitätskontrolle kann im Einvernehmen mit der Abschlussprüferaufsichtsstelle an Qualitätskontrollen teilnehmen und sich Arbeitsunterlagen des Prüfers für Qualitätskontrolle vorlegen lassen.

(2) Liegen bei Berufsangehörigen in eigener Praxis oder bei Wirtschaftsprüfungsgesellschaften Mängel vor, wurden Verletzungen von Berufsrecht, die auf Mängeln des Qualitätssicherungssystems beruhen, festgestellt oder wurde die Qualitätskontrolle nicht nach Maßgabe der §§ 57a bis 57d und der Satzung für Qualitätskontrolle durchgeführt, kann die Kommission für Qualitätskontrolle Auflagen zur Beseitigung der Mängel erteilen oder eine Sonderprüfung anordnen. Werden Auflagen erteilt, haben die Geprüften diese in einer von der Kommission für Qualitätskontrolle vorgegebenen Frist umzusetzen und hierüber unverzüglich einen Bericht vorzulegen. Die Kommission für Qualitätskontrolle kann bestimmen, dass mit der Sonderprüfung ein anderer Prüfer für Qualitätskontrolle beauftragt wird. Sind die Voraussetzungen des § 57a Absatz 6a Satz 2 gegeben, entscheidet die Kommission für Qualitätskontrolle über die Löschung der Eintragung. Die Berufsangehörigen oder Wirtschaftsprüfungsgesellschaften sind vor dem Erlass der Maßnahmen nach den Sätzen 1 bis 4 anzuhören. Beabsichtigt die Wirtschaftsprüferkammer, eine Eintragung nach § 57a Absatz 6a Satz 2 zu löschen, hat sie den Vorgang zuvor der Abschlussprüferaufsichtsstelle vorzulegen. Für Maßnahmen nach den Sätzen 1 bis 4 gegenüber Berufsangehörigen, die gesetzlich vorgeschriebene Abschlussprüfungen bei Unternehmen von öffentlichem Interesse nach § 319a Absatz 1 Satz 1 des Handelsgesetzbuchs durchführen, bleibt die Zuständigkeit der Abschlussprüferaufsichtsstelle nach § 66a Absatz 6 unberührt.

(3) Befolgen Berufsangehörige oder Wirtschaftsprüfungsgesellschaften Maßnahmen nach Absatz 2 nicht, kann die Kommission für Qualitätskontrolle ein Zwangsgeld bis zu

25 000 Euro verhängen. Werden trotz wiederholter Festsetzung eines Zwangsgeldes Auflagen und sonstige Maßnahmen nach Absatz 2 nicht fristgerecht oder nicht vollständig umgesetzt, ist die Eintragung der Anzeige nach § 38 Nummer 1 Buchstabe h oder Nummer 2 Buchstabe f zu löschen.

(4)   Die Kommission für Qualitätskontrolle hat den Vorstand der Wirtschaftsprüferkammer zu unterrichten, wenn ein Widerruf der Bestellung als Wirtschaftsprüfer oder der Anerkennung als Wirtschaftsprüfungsgesellschaft oder die Einleitung eines berufsaufsichtlichen Verfahrens in Betracht zu ziehen ist.

(5)   Die im Rahmen der Qualitätskontrolle nach § 57d oder bei Maßnahmen nach den Absätzen 2 und 3 erteilten Auskünfte und übermittelten Unterlagen und Daten dürfen auch für solche Aufsichtsverfahren verwendet werden, die sonst von der Wirtschaftsprüferkammer oder der Abschlussprüferaufsichtsstelle eingeleitet oder geführt werden. Sobald die Unterlagen oder Daten nicht mehr erforderlich sind, sind sie unverzüglich zurückzugeben oder zu löschen.

(6)   Die Absätze 2 bis 4 gelten entsprechend, wenn sich außerhalb einer Qualitätskontrolle im Sinne des § 57a Anhaltspunkte für Mängel im Qualitätssicherungssystem von Berufsangehörigen oder Wirtschaftsprüfungsgesellschaften ergeben. Die Kommission für Qualitätskontrolle ist dabei an die im Verfahren nach § 62b getroffenen Feststellungen gebunden.

(7)   Die Kommission für Qualitätskontrolle untersucht bei Prüfern für Qualitätskontrolle (§ 57a Absatz 3), ob diese bei den Qualitätskontrollen die gesetzlichen Anforderungen und die Berufsausübungsregelungen eingehalten haben. Absatz 2 Satz 1 bis 4 und 7, Absatz 3 Satz 1 und die Absätze 4 und 5 gelten entsprechend.

Fußnote

(+++ § 57e Abs. 1, 2 u. 3: Zur Anwendung vgl. § 63g Abs. 2 GenG +++)

§ 57f (weggefallen)

-

§ 57g Freiwillige Qualitätskontrolle

§ 57a Absatz 2 bis 6a und die §§ 57b bis 57e gelten entsprechend für die freiwillige Durchführung einer Qualitätskontrolle bei Wirtschaftsprüfern in eigener Praxis und Wirtschaftsprüfungsgesellschaften.

§ 57h Qualitätskontrolle bei Prüfungsstellen der Sparkassen- und Giroverbände

(1) § 57a Absatz 1 Satz 1, Absatz 3 bis 5 und 5b bis 8, die §§ 57b bis 57d und 66a Absatz 1 Satz 1, Absatz 3 Satz 1 bis 3, Absatz 5 Satz 1 und Absatz 8, §§ 66b und 136 gelten entsprechend für die Qualitätskontrolle bei Prüfungsstellen der Sparkassen- und Giroverbände, soweit diese Mitglieder der Wirtschaftsprüferkammer sind und das Landesrecht hinsichtlich der Verpflichtung zur Durchführung der Qualitätskontrolle nichts anderes vorsieht. Maßstab, Reichweite und Zeitpunkt der Qualitätskontrolle werden in entsprechender Anwendung von § 57a Abs. 2 durch die nach Landesrecht zuständige Aufsichtsbehörde bestimmt. § 57e Abs. 2 findet mit der Maßgabe entsprechende Anwendung, dass die Kommission für Qualitätskontrolle nicht über belastende Maßnahmen gegenüber den Prüfungsstellen entscheidet, sondern der nach Landesrecht zuständigen Aufsichtsbehörde unverzüglich die Tatsachen und Schlussfolgerungen mitteilt, die Grundlage solcher Maßnahmen sein können. Erkennt die Wirtschaftsprüferkammer, dass eine

102

Eintragung nach § 57a Absatz 6a Satz 2 zu löschen ist, so ist § 57e Absatz 2 Satz 4 mit der Maßgabe anzuwenden, dass der Vorgang der nach Landesrecht zuständigen Aufsichtsbehörde zur Entscheidung vorzulegen ist.

(2)   Prüfer für Qualitätskontrolle können im Falle des Absatzes 1 auch Prüfungsstellen der Sparkassen- und Giroverbände sein. Eine Prüfungsstelle ist auf Antrag nach § 57a Abs. 3 zu registrieren, wenn der Leiter der Prüfungsstelle nach § 57a Abs. 3 Satz 2 registriert ist und die Prüfungsstelle die Voraussetzung nach § 57a Abs. 3 Satz 3 erfüllt. Wird einer Prüfungsstelle eines Sparkassen- und Giroverbandes der Auftrag zur Durchführung einer Qualitätskontrolle erteilt, so muss die für die Qualitätskontrolle nach § 57a Abs. 3 Satz 5 verantwortliche berufsangehörige Person der Leiter oder die Leiterin der Prüfungsstelle des Sparkassen- und Giroverbandes sein und nach § 57a Abs. 3 Satz 2 registriert sein.

(3)   Artikel 26 der Verordnung (EU) Nr. 537/2014 findet keine Anwendung auf die Prüfungsstellen der Sparkassen- und Giroverbände, soweit Landesrecht nichts anderes vorsieht. Gehört die zu prüfende Sparkasse zu den in § 319a Absatz 1 Satz 1 des Handelsgesetzbuchs genannten Unternehmen und hat sie eine Bilanzsumme von mehr als 3 Milliarden Euro, hat, soweit Landesrecht nichts anderes vorsieht, in entsprechender Anwendung des Artikels 8 der Verordnung (EU) Nr. 537/2014 eine prüfungsbegleitende Qualitätssicherung stattzufinden. Die prüfungsbegleitende Qualitätssicherung darf nur von solchen fachlich und persönlich geeigneten Personen wahrgenommen werden, die an der Durchführung der Prüfung nicht beteiligt sind.

§ 58 Mitgliedschaft

(1)   Mitglieder der Wirtschaftsprüferkammer sind die Wirtschaftsprüfer, die nach diesem Gesetz bestellt sind, und Mitglieder des Vorstandes, nach dem Partnerschaftsgesellschaftsgesetz verbundene Personen, Geschäftsführer oder persönlich haftende Gesellschafter von Wirtschaftsprüfungsgesellschaften, die nicht Wirtschaftsprüfer sind, sowie die anerkannten Wirtschaftsprüfungsgesellschaften. Für beurlaubte Wirtschaftsprüfer ruht die Mitgliedschaft während der Dauer ihrer Beurlaubung. Sie bleiben der Berufsgerichtsbarkeit unterworfen.

(2)   Die genossenschaftlichen Prüfungsverbände, die Sparkassen- und Giroverbände für ihre Prüfungsstellen sowie die überörtlichen Prüfungseinrichtungen für öffentliche Körperschaften können die Mitgliedschaft bei der Wirtschaftsprüferkammer erwerben. Die Vorschriften des § 57 Abs. 1 bis 4 sind auf diese Mitglieder nicht anzuwenden.

§ 59 Organe, Kammerversammlungen

(1)   Organe der Wirtschaftsprüferkammer sind

1.   der Beirat,

2.   der Vorstand,

3.   der Präsident,

4.   die Kommission für Qualitätskontrolle.

(2)   Die Beiratsmitglieder werden von den Mitgliedern der Wirtschaftsprüferkammer in unmittelbarer, freier und geheimer Briefwahl gewählt. Der Vorstand wird vom Beirat gewählt. Werden die Vorstandsmitglieder aus der Mitte des Beirats gewählt, so scheiden sie aus dem Beirat aus; wird der Beirat durch personalisierte

Verhältniswahl gewählt, rücken Mitglieder der jeweiligen Listen als Beiratsmitglieder nach. Zum Mitglied des Beirates und des Vorstandes kann nur gewählt werden, wer persönlich Mitglied der Wirtschaftsprüferkammer ist. Der Präsident der Wirtschaftsprüferkammer und der Vorsitzer des Beirats müssen Wirtschaftsprüfer sein.

(3)   Die Wahl der Beiratsmitglieder erfolgt getrennt nach Gruppen. Die Gruppe der Wirtschaftsprüfer und Wirtschaftsprüfungsgesellschaften wählt entsprechend der Zahl der Mitglieder der Wirtschaftsprüferkammer, die dieser Gruppe nach dem öffentlichen Berufsregister am 1. Dezember des dem Wahltag vorangehenden Kalenderjahres angehören, eine in der Satzung bestimmte Anzahl von Beiratsmitgliedern. Die Gruppe der anderen stimmberechtigten Mitglieder wählt eine Anzahl von Beiratsmitgliedern, die sich nach der Zahl der stimmberechtigten Mitglieder der Wirtschaftsprüferkammer, die dieser Gruppe an dem in Satz 2 bezeichneten Tag angehören, bemißt. Mindestens eine Zahl von einem Beiratsmitglied mehr als die Hälfte der Zahl aller Beiratsmitglieder muß jedoch von der Gruppe der Wirtschaftsprüfer und Wirtschaftsprüfungsgesellschaften gewählt werden. Satz 1 bis 4 finden auf die Wahl der Vorstandsmitglieder entsprechende Anwendung; die Wahl des Präsidenten der Wirtschaftsprüferkammer erfolgt durch den gesamten Beirat.

(4)   Beirat und Vorstand erstatten den Mitgliedern jährlich Bericht. Dazu kann die Wirtschaftsprüferkammer regionale Kammerversammlungen ausrichten. Auf Verlangen des Beirats oder wenn mindestens ein Zwanzigstel der Mitglieder dies schriftlich unter Angabe des zu behandelnden Gegenstandes beantragt, richtet die Wirtschaftsprüferkammer eine Kammerversammlung aus, zu der alle Mitglieder eingeladen werden.

(5)   Das Nähere regelt die Wirtschaftsprüferkammer in der Satzung und in der Wahlordnung gemäß § 60 Absatz 1.

§ 59a Abteilungen des Vorstandes und der Kommission für Qualitätskontrolle

(1)   Der Vorstand kann mehrere Abteilungen bilden, wenn die Satzung der Wirtschaftsprüferkammer es zulässt. Er überträgt den Abteilungen die Geschäfte, die sie selbstständig führen.

(2)   Jede Abteilung muss aus mindestens drei Mitgliedern des Vorstandes bestehen. Die Mitglieder der Abteilung wählen aus ihren Reihen einen Abteilungsvorsitzenden und einen Stellvertreter.

(3)   Der Vorstand setzt die Zahl der Abteilungen und ihrer Mitglieder fest, überträgt den Abteilungen die Geschäfte und bestimmt die Mitglieder der einzelnen Abteilungen. Jedes Mitglied des Vorstandes kann mehreren Abteilungen angehören. Die Anordnungen können im Laufe der Amtsperiode nur getroffen oder geändert werden, wenn dies wegen Überlastung des Vorstandes, der Abteilung oder infolge Wechsels oder dauernder Verhinderung einzelner Mitglieder der Abteilung erforderlich wird.

(4)   Die Abteilungen besitzen innerhalb ihrer Zuständigkeit die Rechte und Pflichten des Vorstandes.

(5)   Anstelle der Abteilung entscheidet der Vorstand, wenn er es für angemessen hält oder wenn die Abteilung oder ihr Vorsitzender es beantragt.

(6)   Die Kommission für Qualitätskontrolle kann Abteilungen bilden. Die Zuständigkeiten der Abteilungen sind in der Geschäftsordnung der Kommission für Qualitätskontrolle zu regeln. Absatz 1 Satz 2 und die Absätze 2 bis 5 gelten entsprechend. Über Widersprüche (§ 57e Abs. 1

Satz 5 Nr. 6) gegen Beschlüsse von Abteilungen entscheidet die Kommission für Qualitätskontrolle.

§ 60 Satzung, Wirtschaftsplan

(1)   Die Organisation und Verwaltung der Wirtschaftsprüferkammer, insbesondere die Einrichtung von Landesgeschäftsstellen, werden in der Satzung der Wirtschaftsprüferkammer geregelt, die vom Beirat der Wirtschaftsprüferkammer beschlossen wird. Die Satzung, die Wahlordnung und deren Änderungen bedürfen zu ihrer Wirksamkeit der Genehmigung des Bundesministeriums für Wirtschaft und Energie.

(2)   Die Wirtschaftsprüferkammer legt jährlich ihren Wirtschaftsplan für das darauffolgende Kalenderjahr vor Feststellung dem Bundesministerium für Wirtschaft und Energie vor. Die auf die Qualitätskontrolle und die Arbeit der Berufsaufsicht bezogenen Teile des Wirtschaftsplans bedürfen der Genehmigung des Bundesministeriums für Wirtschaft und Energie.

§ 61 Beiträge und Gebühren

(1)   Die Mitglieder sind verpflichtet, die Beiträge nach Maßgabe der Beitragsordnung zu leisten; die Beitragsordnung kann je nach Tätigkeitsfeld des Mitglieds verschiedene Beiträge vorsehen. Der 2. Abschnitt des Verwaltungskostengesetzes in der bis zum 14. August 2013 geltenden Fassung ist entsprechend anzuwenden. Die Beitragsordnung sowie deren Änderungen bedürfen zu ihrer Wirksamkeit der Genehmigung des Bundesministeriums für Wirtschaft und Energie. Die Höhe der Beiträge bestimmt der Beirat der Wirtschaftsprüferkammer. Der Anspruch der Wirtschaftsprüferkammer auf Zahlung von Beiträgen unterliegt der Verjährung. § 20 des Verwaltungskostengesetzes in der bis zum 14. August 2013 geltenden Fassung ist sinngemäß anzuwenden.

(2)   Die Wirtschaftsprüferkammer kann für die Inanspruchnahme von besonderen Einrichtungen oder Tätigkeiten, insbesondere im Zulassungs-, Prüfungs- und Widerspruchsverfahren sowie im Qualitätskontroll- und Berufsaufsichtsverfahren, für die Bestellung und Wiederbestellung als Wirtschaftsprüfer, die Anerkennung als Wirtschaftsprüfungsgesellschaft und die Erteilung von Ausnahmegenehmigungen nach § 28 Abs. 2 und 3, Gebühren nach Maßgabe einer Gebührenordnung erheben. Die Gebührenordnung und deren Änderungen bedürfen der Genehmigung des Bundesministeriums für Wirtschaft und Energie. Die §§ 3 bis 7 und 9 bis 21 des Bundesgebührengesetzes sind entsprechend anzuwenden.

(3)   Beiträge und Gebühren werden nach Maßgabe der Vorschriften des Verwaltungsvollstreckungsgesetzes beigetrieben.

Fünfter Teil

Berufsaufsicht

§ 61a Zuständigkeit

Für die Berufsaufsicht ist unbeschadet des § 66a die Wirtschaftsprüferkammer zuständig. Liegen konkrete Anhaltspunkte für einen Verstoß gegen Berufspflichten vor, ermittelt sie den Sachverhalt und entscheidet, ob berufsaufsichtliche Maßnahmen nach § 68 veranlasst sind. Beabsichtigt die Wirtschaftsprüferkammer, ein nach Satz 2 eingeleitetes Verfahren einzustellen, weil eine Berufspflichtverletzung nicht feststellbar ist oder keiner Sanktion bedarf, hat sie den Vorgang zuvor der Abschlussprüferaufsichtsstelle vorzulegen. Wenn Berufsangehörige, die bei der Abschlussprüferaufsichtsstelle angestellt sind, für diese tätig sind, gelten die Sätze 1 bis 3 nicht.

§ 62 Pflicht zum Erscheinen vor der Wirtschaftsprüferkammer; Auskunfts- und Vorlagepflichten; Betretens- und Einsichtsrecht

(1)　Persönliche Mitglieder der Wirtschaftsprüferkammer haben in Aufsichts- und Beschwerdesachen vor der Wirtschaftsprüferkammer zu erscheinen, wenn sie zur Anhörung geladen werden. Sie haben dem Vorstand, einer Abteilung im Sinne des § 59a, dem Beirat oder einem Beauftragten des Vorstandes, des Beirates oder eines Ausschusses auf Verlangen Auskunft zu geben und ihre Handakten oder sonstige Unterlagen, die für das Aufsichts- und Beschwerdeverfahren von Bedeutung sein können, vorzulegen. Sind die Unterlagen nach Satz 2 mit Hilfe eines Datenverarbeitungssystems elektronisch gespeichert worden, sind sie auf einem maschinell verwertbaren Datenträger zur Verfügung zu stellen. Die Sätze 1 bis 3 gelten sinngemäß für sonstige Mitglieder der Wirtschaftsprüferkammer, soweit die Anhörung, das Auskunftsverlangen oder die Aufforderung zur Vorlage von Unterlagen die gesetzlich vorgeschriebene Abschlussprüfung betreffen.

(2)　Die Auskunft und die Vorlage von Unterlagen können verweigert werden, wenn und soweit dadurch die Pflicht zur Verschwiegenheit verletzt würde. Die Auskunft kann verweigert werden, wenn und soweit sich dadurch die Gefahr ergäbe, wegen einer Straftat, einer Ordnungswidrigkeit oder einer Berufspflichtverletzung verfolgt zu werden, und sich das Mitglied hierauf beruft. Auf ein Recht zur Auskunftsverweigerung ist hinzuweisen. Wenn die Auskunft oder die Vorlage von Unterlagen nicht verweigert wurde, besteht die Verpflichtung, richtige und vollständige Auskünfte zu erteilen und richtige und vollständige Unterlagen vorzulegen.

(3)　Die richtige und vollständige Auskunft und Vorlage von Unterlagen können nicht von denjenigen Mitgliedern der Wirtschaftsprüferkammer verweigert werden, die zur Durchführung gesetzlich vorgeschriebener Abschlussprüfungen befugt sind oder solche ohne diese Befugnis tatsächlich durchführen, wenn die Auskunft und die Vorlage von Unterlagen im Zusammenhang mit der Prüfung eines der gesetzlichen Pflicht zur Abschlussprüfung unterliegenden Unternehmens stehen. Satz 1 gilt auch für Prüfer für Qualitätskontrolle für Auskünfte und die Vorlage von Unterlagen, die mit dieser Tätigkeit im Zusammenhang stehen. Absatz 2 Satz 2 und 3 gilt entsprechend.

(4)   Die Angestellten der Wirtschaftsprüferkammer sowie die sonstigen Personen, derer sich die Wirtschaftsprüferkammer bei der Berufsaufsicht bedient, können die Grundstücke und Geschäftsräume von Berufsangehörigen und Wirtschaftsprüfungsgesellschaften sowie von Personen, die den Beruf gemeinsam mit diesen ausüben, innerhalb der üblichen Betriebs- und Geschäftszeiten betreten und besichtigen, Einsicht in Unterlagen nehmen und hieraus Abschriften und Ablichtungen anfertigen. Sind die Unterlagen mit Hilfe eines Datenverarbeitungssystems elektronisch gespeichert, haben die in Satz 1 genannten Angestellten und Personen das Recht, Einsicht in die gespeicherten Daten zu nehmen, das Datenverarbeitungssystem zur Prüfung dieser Unterlagen zu nutzen und Kopien elektronischer Daten anzufertigen. Die betroffenen Berufsangehörigen und Wirtschaftsprüfungsgesellschaften sowie die Personen, die den Beruf gemeinsam mit diesen ausüben, haben diese Maßnahmen zu dulden.

(5)   Die bei Maßnahmen nach den Absätzen 1 bis 4 gegebenen Auskünfte und übermittelten Unterlagen und Daten dürfen auch für solche Aufsichtsverfahren verwendet werden, die sonst von der Wirtschaftsprüferkammer oder der Abschlussprüferaufsichtsstelle eingeleitet oder geführt werden. Sobald die Unterlagen oder Daten nicht mehr erforderlich sind, sind sie unverzüglich zurückzugeben oder zu löschen.

§ 62a Zwangsgeld bei Verletzung von Mitwirkungspflichten

(1) Um Mitglieder der Wirtschaftsprüferkammer zur Erfüllung ihrer Pflichten nach § 62 Abs. 1 bis 3 anzuhalten, kann die Wirtschaftsprüferkammer gegen sie, auch mehrfach, ein Zwangsgeld festsetzen. Das einzelne Zwangsgeld darf 1 000 Euro nicht übersteigen.

(2) Das Zwangsgeld muss vorher schriftlich angedroht werden. Die Androhung und die Festsetzung des Zwangsgeldes sind den Betroffenen zuzustellen.

(3) Gegen die Androhung und gegen die Festsetzung des Zwangsgeldes kann innerhalb eines Monats nach der Zustellung die Entscheidung des Gerichts (§ 72 Abs. 1) beantragt werden. Der Antrag ist bei der Wirtschaftsprüferkammer schriftlich einzureichen. Erachtet die Wirtschaftsprüferkammer den Antrag für begründet, so hat sie ihm abzuhelfen; anderenfalls hat die Wirtschaftsprüferkammer den Antrag unter Beachtung des § 66a Abs. 5 Satz 2 unverzüglich dem Gericht vorzulegen. Die Vorschriften der Strafprozessordnung über die Beschwerde sind sinngemäß anzuwenden. Die Gegenerklärung wird von der Wirtschaftsprüferkammer abgegeben. Die Staatsanwaltschaft ist an dem Verfahren nicht beteiligt. Der Beschluss des Gerichts kann nicht angefochten werden.

(4) Das Zwangsgeld fließt dem Haushalt der Wirtschaftsprüferkammer zu. Es wird auf Grund einer von ihr erteilten, mit der Bescheinigung der Vollstreckbarkeit versehenen beglaubigten Abschrift des Festsetzungsbescheids entsprechend § 61 Abs. 3 Satz 3 beigetrieben.

§ 62b Inspektionen

(1)   Berufsangehörige in eigener Praxis und Wirtschaftsprüfungsgesellschaften sind verpflichtet, sich einer Inspektion durch die Abschlussprüferaufsichtsstelle nach Artikel 26 der Verordnung (EU) Nr. 537/2014 zu unterziehen, wenn sie gesetzlich vorgeschriebene Abschlussprüfungen bei Unternehmen von öffentlichem Interesse nach § 319a Absatz 1 Satz 1 des Handelsgesetzbuchs oder Abschlussprüfungen im Sinne von § 134 Absatz 1 dieses Gesetzes durchführen. Im Fall von Beanstandungen können in die Inspektionen andere gesetzlich vorgeschriebene Abschlussprüfungen einbezogen werden. Wird im Zusammenhang mit einer Anfrage zur internationalen Zusammenarbeit gemäß § 66c eine Inspektion durchgeführt, können andere Prüfungen bei den in § 57 Absatz 9 Satz 5 Nummer 1 genannten Unternehmen in die Inspektion nach Satz 1 einbezogen werden.

(2)   Soweit Artikel 26 der Verordnung (EU) Nr. 537/2014 nichts anderes regelt, gelten § 62 Absatz 1 bis 5 und § 62a entsprechend.

(3)   Erkenntnisse aus den Inspektionen werden zur Entlastung der Qualitätskontrollen nach den von der Wirtschaftsprüferkammer im Einvernehmen mit der Abschlussprüferaufsichtsstelle festgelegten Grundsätzen berücksichtigt. Die Abschlussprüferaufsichtsstelle übermittelt der geprüften Praxis den Inspektionsbericht. Für den Inspektionsbericht gilt unbeschadet des Artikels 26 Absatz 8 und 9 der Verordnung (EU) Nr. 537/2014 § 57a Absatz 5 entsprechend.

§ 63 (weggefallen)

§ 64 Pflicht der Mitglieder des Vorstandes, des Beirates und der Ausschüsse zur Verschwiegenheit

(1)   Die Mitglieder des Vorstandes, des Beirates, der Abteilungen und der Ausschüsse haben - auch nach dem Ausscheiden aus dem Vorstand, dem Beirat, der Abteilung oder dem Ausschuß - über die Angelegenheiten, die ihnen bei ihrer Tätigkeit im Vorstand, im Beirat, in der Abteilung oder im Ausschuß über Mitglieder der Wirtschaftsprüferkammer, Bewerber oder andere Personen bekanntwerden, Verschwiegenheit gegen jedermann zu bewahren. Das gleiche gilt für Mitglieder, die zur Mitarbeit im Vorstand, im Beirat, in den Abteilungen oder in den Ausschüssen herangezogen werden, für Mitglieder, die im Verfahren nach § 62 zur Anhörung geladen werden, im Rahmen einer Aufsichts- und Beschwerdesache sowie eines Widerrufsverfahrens um Auskunft gebeten werden oder an einer nichtöffentlichen Verhandlung nach § 99 teilgenommen haben, sowie für Angestellte und sonstige Beauftragte der Wirtschaftsprüferkammer.

(2)   In gerichtlichen Verfahren und vor Behörden dürfen die in Absatz 1 bezeichneten Personen über solche Angelegenheiten, die ihnen bei ihrer Tätigkeit im Vorstand, im Beirat, in Abteilungen oder in Ausschüssen über Mitglieder der Wirtschaftsprüferkammer, Bewerber oder andere Personen bekanntgeworden sind, ohne Genehmigung nicht aussagen oder Auskunft geben.

(3)   Die Genehmigung erteilt der Vorstand der Wirtschaftsprüferkammer nach pflichtmäßigem Ermessen. Die Genehmigung soll nur versagt werden, wenn Rücksichten auf die Stellung oder die Aufgaben der Wirtschaftsprüferkammer oder berechtigte Belange der Personen, über welche die Tatsachen bekanntgeworden sind, es unabweisbar erfordern. § 28 Abs. 2 des Gesetzes über das Bundesverfassungsgericht bleibt unberührt.

(4) Zur Durchführung von Ermittlungen in Aufsichts- und Beschwerdesachen sowie in Widerrufsverfahren sind die in Absatz 1 genannten ehren- und hauptamtlich für die Wirtschaftsprüferkammer tätigen Personen berechtigt, Nichtkammerangehörige um Auskunft zu bitten. Nichtkammerangehörige sind nicht zur Auskunft verpflichtet, es sei denn, die Auskunft bezieht sich auf gesetzlich vorgeschriebene Abschlussprüfungen bei Unternehmen von öffentlichem Interesse nach § 319a Absatz 1 Satz 1 des Handelsgesetzbuchs und die Nichtkammerangehörigen fallen unter Artikel 23 Absatz 3 Unterabsatz 2 Buchstabe b bis e der Verordnung (EU) Nr. 537/2014.

(5) Wurde im Rahmen eines Vertretungsverhältnisses eine Berufspflichtverletzung begangen, dürfen die in Absatz 1 bezeichneten Personen den Vertretenen über ein gegen ein Mitglied der Wirtschaftsprüferkammer geführtes berufsaufsichtliches Verfahren unterrichten.

§ 65 Unterrichtung der Staatsanwaltschaft

(1) Erhalten die Wirtschaftsprüferkammer oder die Abschlussprüferaufsichtsstelle Kenntnis von Tatsachen, die den Verdacht begründen, dass Berufsangehörige Straftaten im Zusammenhang mit der Berufsausübung begangen haben, teilen sie die Tatsachen der zuständigen Staatsanwaltschaft unverzüglich oder nach Ermittlung (§ 61a Satz 2) mit. Der Mitteilung kann eine fachliche Bewertung beigefügt werden.

(2) Erhält die Staatsanwaltschaft Kenntnis von Tatsachen, die den Verdacht einer schuldhaften, eine berufsaufsichtliche Maßnahme nach § 68 Absatz 1 rechtfertigenden Pflichtverletzung eines Mitglieds der Wirtschaftsprüferkammer begründen, teilt sie die Tatsachen der Abschlussprüferaufsichtsstelle mit. Soweit die Mitteilung den Zuständigkeitsbereich der Wirtschaftsprüferkammer betrifft, leitet die

Abschlussprüferaufsichtsstelle die Mitteilung an die Wirtschaftsprüferkammer weiter.

§ 66 Rechtsaufsicht

(1)   Das Bundesministerium für Wirtschaft und Energie führt die Rechtsaufsicht über die Wirtschaftsprüferkammer einschließlich der Prüfungsstelle, soweit diese nicht nach § 66a Absatz 1 Satz 1 von der Abschlussprüferaufsichtsstelle überwacht werden. Insoweit hat es darüber zu wachen, dass die Aufgaben im Rahmen der geltenden Gesetze und Satzungen erfüllt werden. Es kann unter anderem den Erlass der Satzungen nach § 57 Absatz 3 und § 57c Absatz 1 oder Änderungen dieser Satzungen anordnen und, wenn die Wirtschaftsprüferkammer dieser Anordnung nicht innerhalb einer angemessenen Frist nachkommt, im Wege der Ersatzvornahme die Satzungen oder Änderungen der Satzungen anstelle der Wirtschaftsprüferkammer erlassen.

(2)   Das Bundesministerium für Wirtschaft und Energie führt darüber hinaus die Rechtsaufsicht über die Abschlussprüferaufsichtsstelle; Absatz 1 Satz 2 gilt entsprechend. Im Übrigen bleibt die Aufsicht des Bundesministeriums für Wirtschaft und Energie über das Bundesamt für Wirtschaft und Ausfuhrkontrolle unberührt.

§ 66a Abschlussprüferaufsicht

(1)   Die Abschlussprüferaufsichtsstelle führt eine öffentliche fachbezogene Aufsicht über die Wirtschaftsprüferkammer, soweit diese Aufgaben nach § 4 Absatz 1 Satz 1 erfüllt, die gegenüber Berufsangehörigen und Gesellschaften wahrzunehmen sind, die zur Durchführung gesetzlich vorgeschriebener Abschlussprüfungen befugt sind oder solche ohne diese Befugnis tatsächlich durchführen; § 61a Satz 3 bleibt unberührt. Die Wirtschaftsprüferkammer hat vor dem

Erlass und vor Änderungen von Berufsausübungsregelungen (§ 57 Absatz 3 und § 57c) die Stellungnahme der Abschlussprüferaufsichtsstelle einzuholen und dem Bundesministerium für Wirtschaft und Energie vorzulegen.

(2)	Die Abschlussprüferaufsichtsstelle ist zuständige Behörde im Sinne des Artikels 13 Absatz 1 Unterabsatz 3, der Artikel 14 und 17 Absatz 8 Unterabsatz 3 sowie des Artikels 20 Absatz 1 der Verordnung (EU) Nr. 537/2014.

(3)	Die Abschlussprüferaufsichtsstelle beaufsichtigt die Wirtschaftsprüferkammer, ob diese ihre in Absatz 1 Satz 1 genannten Aufgaben geeignet, angemessen und verhältnismäßig erfüllt. Die Abschlussprüferaufsichtsstelle kann hierzu an Sitzungen der Wirtschaftsprüferkammer teilnehmen und hat ein Informations- und Einsichtsrecht. Die Abschlussprüferaufsichtsstelle kann an Qualitätskontrollen teilnehmen. Die Abschlussprüferaufsichtsstelle kann die Wirtschaftsprüferkammer beauftragen, bei Hinweisen auf Berufspflichtverletzungen und bei Anfragen im Rahmen der Zusammenarbeit nach § 66c berufsaufsichtliche Ermittlungen nach § 61a Satz 2 durchzuführen. Die Abschlussprüferaufsichtsstelle kann an Ermittlungen der Wirtschaftsprüferkammer teilnehmen. Zur Ausführung ihrer Aufgaben kann die Abschlussprüferaufsichtsstelle Vertreter oder Vertreterinnen der Wirtschaftsprüferkammer, Berufsangehörige und Dritte als Sachverständige fallweise zur Beratung heranziehen. Soweit die Abschlussprüferaufsichtsstelle Aufträge von sachverständigen Dritten ausführen lässt, stellt sie sicher, dass bei diesen im Hinblick auf die zu Prüfenden keine Interessenkonflikte bestehen und dass die sachverständigen Dritten über eine angemessene Ausbildung sowie angemessene Kenntnisse und Erfahrungen verfügen.

(4)	Die Abschlussprüferaufsichtsstelle kann Entscheidungen der Wirtschaftsprüferkammer unter Angabe der Gründe zur nochmaligen

Prüfung an diese zurückverweisen (Zweitprüfung). Ändert die Wirtschaftsprüferkammer beanstandete Entscheidungen nicht ab, kann die Abschlussprüferaufsichtsstelle die Entscheidungen der Wirtschaftsprüferkammer aufheben und ihr Weisungen erteilen oder selbst im Wege der Ersatzvornahme Entscheidungen treffen und die erforderlichen Maßnahmen erlassen (Letztentscheidung). Die Wirtschaftsprüferkammer ist verpflichtet, Vorgänge in Umsetzung der Weisungen abzuschließen. Hält sie Weisungen oder Ersatzvornahmen der Abschlussprüferaufsichtsstelle für rechtswidrig, hat sie die Vorgänge dem Bundesministerium für Wirtschaft und Energie vorzulegen.

(5)   Die Wirtschaftsprüferkammer ist verpflichtet, auf Anforderung der Abschlussprüferaufsichtsstelle im Einzelfall oder von sich aus aufgrund genereller von der Abschlussprüferaufsichtsstelle festgelegter Kriterien über einzelne aufsichtsrelevante Vorgänge nach Sachverhaltsaufklärung zeitnah und in angemessener Form zu berichten. Aufsichtsrelevant ist ein Vorgang insbesondere dann, wenn er von der Wirtschaftsprüferkammer abschließend bearbeitet wurde und eine Entscheidung mit unmittelbarer Rechtswirkung nach außen ergehen soll. Ein unmittelbarer oder mittelbarer Bezug zur Durchführung einer gesetzlich vorgeschriebenen Abschlussprüfung ist nicht erforderlich.

(6)   Die Abschlussprüferaufsichtsstelle ermittelt bei Berufsangehörigen und Wirtschaftsprüfungsgesellschaften, die gesetzlich vorgeschriebene Abschlussprüfungen bei Unternehmen von öffentlichem Interesse nach § 319a Absatz 1 Satz 1 des Handelsgesetzbuchs durchgeführt haben,

1.   ohne besonderen Anlass gemäß Artikel 26 der Verordnung (EU) Nr. 537/2014,

2. soweit sich aus den unter Nummer 1 genannten Inspektionen oder sonstigen Umständen konkrete Anhaltspunkte für Verstöße gegen Berufspflichten bei der Durchführung von gesetzlich vorgeschriebenen Abschlussprüfungen bei Unternehmen von öffentlichem Interesse nach § 319a Absatz 1 Satz 1 des Handelsgesetzbuchs ergeben,

3. aufgrund von Mitteilungen der Prüfstelle nach § 342b Absatz 8 Satz 2 des Handelsgesetzbuchs, der Bundesanstalt für Finanzdienstleistungsaufsicht nach § 110 Absatz 2 Satz 1 des Wertpapierhandelsgesetzes oder einer anderen nationalen oder internationalen Stelle.

Werden bei den Ermittlungen nach Satz 1 Verletzungen von Berufsrecht festgestellt, kann die Abschlussprüferaufsichtsstelle Auflagen zur Beseitigung der Mängel erteilen oder eine Sonderprüfung anordnen; § 57e Absatz 2, 3 und 5 gilt entsprechend. Die Abschlussprüferaufsichtsstelle entscheidet auch über die Verhängung von berufsaufsichtlichen Maßnahmen, Untersagungsverfügungen sowie vorläufigen Untersagungsverfügungen; die §§ 67 bis 68a, 68b Satz 1, 3 und 4, die §§ 68c sowie 69a bis 71 gelten entsprechend, § 68 Absatz 7 mit der Maßgabe, dass die Geldbußen, die nicht berufsgerichtlich überprüft werden, dem Bundeshaushalt zufließen, § 68c Absatz 3 in Verbindung mit § 62a Absatz 4 Satz 1 mit der Maßgabe, dass die Ordnungsgelder dem Bundeshaushalt zufließen.

(7) Soweit Artikel 23 Absatz 3 und Artikel 26 der Verordnung (EU) Nr. 537/2014 nichts anderes regeln, gelten die §§ 62 und 62a im Inspektions- und Berufsaufsichtsverfahren entsprechend, § 62a Absatz 4 mit der Maßgabe, dass die Zwangsgelder dem Bundeshaushalt zufließen. Ermittlungsmaßnahmen in Bezug auf Abschlussprüfungen von Unternehmen von öffentlichem Interesse nach § 319a Absatz 1 Satz 1 des Handelsgesetzbuchs dürfen auch gegenüber den in Artikel 23 Absatz 3 Unterabsatz 2 Buchstabe b bis e der Verordnung (EU) Nr.

537/2014 Genannten ausgeübt werden. Die Abschlussprüferaufsichtsstelle kann unbeschadet des Artikels 26 Absatz 5 Unterabsatz 2 der Verordnung (EU) Nr. 537/2014 bei Tätigkeiten nach diesem Gesetz Überprüfungen oder Untersuchungen durch solche Sachverständige vornehmen lassen, die in die Entscheidungsprozesse der Abschlussprüferaufsichtsstelle nicht eingebunden sind.

(8)   Die Abschlussprüferaufsichtsstelle veröffentlicht jährlich ein Arbeitsprogramm und einen Tätigkeitsbericht.

Fußnote

(+++ § 66a Abs. 1, 3 u. 5: Zur Anwendung vgl. § 63g Abs. 2 GenG +++)

§ 66b Verschwiegenheit; Schutz von Privatgeheimnissen

(1)   Beamte und Angestellte, die in der Abschlussprüferaufsichtsstelle tätig sind, Mitglieder des bei ihr eingerichteten Fachbeirats und sonstige von ihr Beauftragte sind zur Verschwiegenheit verpflichtet; die Artikel 31 bis 34 der Verordnung (EU) Nr. 537/2014 und § 66c Absatz 4 und 6 bleiben unberührt. § 64 gilt sinngemäß; eine erforderliche Genehmigung erteilt das Bundesministerium für Wirtschaft und Energie.

(2)   Die in Absatz 1 Satz 1 genannten Personen dürfen, auch nach Beendigung ihrer Tätigkeit, ein fremdes Geheimnis, namentlich ein Geschäfts- oder Betriebsgeheimnis, das ihnen bei ihrer Tätigkeit bekannt geworden ist, nicht offenbaren und nicht verwerten.

Fußnote

(+++ § 66b: Zur Anwendung vgl. § 63g Abs. 2 GenG +++)

§ 66c Zusammenarbeit mit anderen Stellen und internationale Zusammenarbeit

(1)   Die Abschlussprüferaufsichtsstelle kann den folgenden Stellen, soweit es zur Erfüllung der jeweiligen Aufgaben dieser Stellen erforderlich ist, vertrauliche Informationen übermitteln:

1.   der Prüfstelle nach § 342b Absatz 1 des Handelsgesetzbuchs,

2.   der Bundesanstalt für Finanzdienstleistungsaufsicht,

2a.   dem Bundesamt für Justiz,

3.   den Aufsichtsbehörden über die genossenschaftlichen Prüfungsverbände,

4.   den Aufsichtsbehörden über die Prüfungsstellen der Sparkassen- und Giroverbände,

5.   der Deutschen Bundesbank,

6.   der Europäischen Zentralbank,

7.   den Zentralbanken der Mitgliedstaaten der Europäischen Union sowie

8.   dem Europäischen Ausschuss für Systemrisiken.

An die in Satz 1 Nummer 1 genannte Stelle übermittelt die Abschlussprüferaufsichtsstelle Informationen nur, soweit konkrete Anhaltspunkte für einen Verstoß gegen Rechnungslegungsvorschriften vorliegen. Die in Satz 1 Nummer 1 bis 5 genannten Stellen können der Abschlussprüferaufsichtsstelle Informationen übermitteln, soweit dies zur Erfüllung der Aufgaben der Abschlussprüferaufsichtsstelle erforderlich ist.

(2)   Unbeschadet der Artikel 31 bis 33 der Verordnung (EU) Nr. 537/2014 hat die Abschlussprüferaufsichtsstelle in Bezug auf die in § 66a genannten Aufgaben mit den entsprechend zuständigen Stellen der Mitgliedstaaten der Europäischen Union und der Vertragsstaaten des Europäischen Wirtschaftsraums sowie den europäischen Aufsichtsbehörden zusammenzuarbeiten, soweit dies für die Wahrnehmung der jeweiligen Aufgaben der zuständigen Stellen im Einzelfall erforderlich ist. In diesem Rahmen leisten die Stellen sich insbesondere Amtshilfe, tauschen Informationen aus und arbeiten bei Untersuchungen zusammen. § 57 Absatz 6 Satz 2 bis 4 gilt entsprechend.

(3)   Die Zusammenarbeit der zuständigen Stellen der Mitgliedstaaten findet insbesondere im Rahmen des Ausschusses der Aufsichtsstellen nach Artikel 30 der Verordnung (EU) Nr. 537/2014 statt. Sie erstreckt sich auch auf die Bereiche der Angleichung

1.   der theoretischen und praktischen Ausbildung von Wirtschaftsprüfern sowie der Prüfungsanforderungen nach dem Zweiten Teil und

2.   der Anforderungen in Bezug auf die Eignungsprüfung nach dem Neunten Teil.

(4)   Hat die Abschlussprüferaufsichtsstelle konkrete Hinweise darauf, dass Berufsangehörige aus anderen Mitglied- oder Vertragsstaaten gegen das Recht der Europäischen Union über die Abschlussprüfungen von Jahresabschlüssen und Konzernabschlüssen verstoßen, hat sie diese der zuständigen Stelle des anderen Mitglied- oder Vertragsstaats mitzuteilen. Erhält die Abschlussprüferaufsichtsstelle entsprechende Hinweise von der zuständigen Stelle eines anderen Mitglied- oder Vertragsstaats in Bezug auf deutsche Berufsangehörige, hat sie geeignete Maßnahmen zu treffen und kann der zuständigen Stelle des anderen Mitglied- oder Vertragsstaats das Ergebnis mitteilen. Darüber

hinaus kann die zuständige Stelle eines anderen Mitglied- oder Vertragsstaats über die Abschlussprüferaufsichtsstelle Ermittlungen verlangen, an denen Vertreter der zuständigen Stelle teilnehmen dürfen, wenn diese zur Verschwiegenheit verpflichtet sind. Sind Berufsangehörige oder Wirtschaftsprüfungsgesellschaften auch in einem anderen Mitglied- oder Vertragsstaat registriert, informiert die Abschlussprüferaufsichtsstelle von Amts wegen die zuständigen Behörden des anderen Mitglied- oder Vertragsstaats über das Erlöschen, die unanfechtbare Rücknahme oder den unanfechtbaren Widerruf der Bestellung der Berufsangehörigen oder die Löschung der Wirtschaftsprüfungsgesellschaften einschließlich der Gründe hierfür. § 57 Absatz 7 Satz 2 bis 4 gilt entsprechend.

(5)   Unbeschadet der Artikel 36 bis 38 der Verordnung (EU) Nr. 537/2014 hat die Abschlussprüferaufsichtsstelle in Bezug auf die in § 66a Absatz 1 Satz 1 genannten Aufgaben mit den entsprechend zuständigen Stellen anderer als in Absatz 2 Satz 1 genannter Staaten zusammenzuarbeiten, soweit dies für die Wahrnehmung der jeweiligen Aufgaben der zuständigen Stellen im Einzelfall erforderlich ist oder wenn von diesen Stellen Sonderuntersuchungen oder Ermittlungen erbeten werden. § 57 Absatz 6 Satz 2 bis 4 gilt entsprechend.

(6)   § 57 Absatz 9 gilt entsprechend. Abweichend von § 57 Absatz 9 Satz 5 können Berufsangehörige und Prüfungsgesellschaften unter den Voraussetzungen des § 57 Absatz 9 Satz 1 bis 4 selbst Arbeitsunterlagen und andere Dokumente auf Anforderung der zuständigen Stellen an diese herausgeben, wenn sie zuvor die Abschlussprüferaufsichtsstelle über die Anfrage informiert haben und die in § 57 Absatz 9 Satz 5 genannten Bedingungen erfüllt sind.

§ 67 Ahndung einer Pflichtverletzung

(1)   Gegen einen Wirtschaftsprüfer, der seine Pflichten schuldhaft verletzt, wird eine berufsaufsichtliche Maßnahme verhängt.

(2)   Ein außerhalb des Berufs liegendes Verhalten eines Wirtschaftsprüfers ist eine berufsaufsichtlich zu ahndende Pflichtverletzung, wenn es nach den Umständen des Einzelfalls in besonderem Maße geeignet ist, Achtung und Vertrauen in einer für die Ausübung der Berufstätigkeit oder für das Ansehen des Berufs bedeutsamen Weise zu beeinträchtigen.

(3)   Eine berufsaufsichtliche Maßnahme kann nicht verhängt werden, wenn der Wirtschaftsprüfer zur Zeit der Tat der Berufsaufsicht nicht unterstand.

§ 68 Berufsaufsichtliche Maßnahmen

(1)   Der Vorstand der Wirtschaftsprüferkammer kann gegen Berufsangehörige berufsaufsichtliche Maßnahmen verhängen, wenn diese mit ihrem Verhalten ihnen obliegende Pflichten verletzt haben. Berufsaufsichtliche Maßnahmen sind:

1.   Rüge,

2.   Geldbuße bis zu 500 000 Euro,

3.   Verbot, auf bestimmten Tätigkeitsgebieten für die Dauer von einem Jahr bis zu fünf Jahren tätig zu werden,

4.   Verbot, bei Unternehmen von öffentlichem Interesse nach § 319a Absatz 1 Satz 1 des Handelsgesetzbuchs für die Dauer von einem Jahr bis zu drei Jahren tätig zu werden,

5.   Berufsverbot von einem Jahr bis zu fünf Jahren,

6. Ausschließung aus dem Beruf und

7. Feststellung, dass der Bestätigungsvermerk nicht die Anforderungen des § 322 des Handelsgesetzbuchs und, soweit Unternehmen von öffentlichem Interesse nach § 319a Absatz 1 Satz 1 des Handelsgesetzbuchs betroffen sind, des Artikels 10 der Verordnung (EU) Nr. 537/2014 erfüllt.

(2) Die berufsaufsichtlichen Maßnahmen nach Absatz 1 können nebeneinander verhängt werden. Der Vorstand der Wirtschaftsprüferkammer soll in die Entscheidung über die Verhängung berufsaufsichtlicher Maßnahmen alle Pflichtverletzungen einbeziehen, die ihm im Zeitpunkt der Verhängung der Maßnahme bekannt sind.

(3) Bei der Festlegung der Art und der Höhe der Maßnahme hat der Vorstand der Wirtschaftsprüferkammer alle relevanten Umstände zu berücksichtigen. Dazu gehören insbesondere die Art, die Schwere und die Dauer der Pflichtverletzung, die Verantwortung der Berufsangehörigen für die Pflichtverletzung, die Höhe etwaiger durch die Pflichtverletzung erzielter Mehrerlöse oder verhinderter Verluste, das Vorliegen früherer Verstöße und die Finanzkraft der Berufsangehörigen. Zugunsten der Berufsangehörigen ist zudem zu berücksichtigen, wenn sie an der Aufklärung der Pflichtverletzung mitgewirkt haben. Eine Rüge für einen fahrlässig begangenen fachlichen Fehler kann in der Regel nur verhängt werden, wenn der Fehler von einigem Gewicht ist.

(4) Bevor Maßnahmen verhängt werden, sind die Berufsangehörigen anzuhören. Bescheide, durch die Maßnahmen verhängt werden, sind zu begründen. Sie sind mit einer Rechtsbehelfsbelehrung zu versehen und den Berufsangehörigen zuzustellen.

(5)   Gegen einen Bescheid nach Absatz 4 können Berufsangehörige binnen eines Monats nach der Zustellung beim Vorstand der Wirtschaftsprüferkammer Einspruch erheben. Über den Einspruch entscheidet der Vorstand; Absatz 4 Satz 2 und 3 ist entsprechend anzuwenden.

(6)   Soweit der Einspruch nach Absatz 5 gegen eine berufsaufsichtliche Maßnahme nach Absatz 1 Satz 2 Nummer 2 bis 7 erfolgreich ist, sind die Aufwendungen für einen Rechtsanwalt oder einen sonstigen Bevollmächtigten erstattungsfähig, wenn dessen Zuziehung notwendig war. Die Aufwendungen sind von der Wirtschaftsprüferkammer zu tragen. Die Wirtschaftsprüferkammer bestimmt auf Antrag der Berufsangehörigen, ob die Zuziehung eines Bevollmächtigten notwendig war, und setzt die Höhe der zu erstattenden Auslagen fest. Gegen die Entscheidung nach Satz 3 kann innerhalb eines Monats nach der Zustellung die Entscheidung des Gerichts beantragt werden. § 62a Absatz 3 gilt entsprechend.

(7)   Geldbußen, die nicht berufsgerichtlich überprüft werden, fließen unbeschadet des § 66a Absatz 6 Satz 3 dem Haushalt der Wirtschaftsprüferkammer zu. § 61 Absatz 3 gilt entsprechend.

§ 68a Untersagungsverfügung

Wird gegen Berufsangehörige eine berufsaufsichtliche Maßnahme wegen einer Pflichtverletzung, die im Zeitpunkt der Verhängung der Maßnahme noch nicht abgeschlossen ist, verhängt, so kann die Wirtschaftsprüferkammer neben der Verhängung der Maßnahme die Aufrechterhaltung des pflichtwidrigen Verhaltens untersagen. Im Fall einer im Zeitpunkt der Verhängung der Maßnahme bereits abgeschlossenen Pflichtverletzung kann die Wirtschaftsprüferkammer die künftige Vornahme einer gleichgearteten Pflichtverletzung untersagen, wenn gegen die betreffenden Berufsangehörigen wegen einer solchen Pflichtverletzung bereits zuvor eine berufsaufsichtliche Maßnahme verhängt worden war oder sie von der Wirtschaftsprüferkammer über die Pflichtwidrigkeit ihres Verhaltens belehrt worden waren.

§ 68b Vorläufige Untersagungsverfügung

Wird gegen Berufsangehörige eine Untersagungsverfügung nach § 68a erlassen, so kann die Wirtschaftsprüferkammer zusammen mit dem Erlass oder bis zur Einleitung des berufsgerichtlichen Verfahrens gegen die Untersagungsverfügung eine vorläufige Untersagungsverfügung verhängen. Zur Verhängung der vorläufigen Untersagungsverfügung ist eine Mehrheit von zwei Dritteln der Stimmen des Vorstands der Wirtschaftsprüferkammer erforderlich. Vorläufige Untersagungsverfügungen werden mit ihrer Zustellung wirksam. § 62a Absatz 3, § 68 Absatz 4 sowie die §§ 119 und 120 Absatz 1 gelten entsprechend.

§ 68c Ordnungsgeld

(1)   Handeln Berufsangehörige einem Tätigkeits- oder Berufsverbot (§ 68 Absatz 1 Satz 2 Nummer 3 bis 5), einer Untersagungsverfügung (§ 68a) oder einer vorläufigen Untersagungsverfügung (§ 68b) wissentlich zuwider, so kann gegen sie wegen einer jeden Zuwiderhandlung von der Wirtschaftsprüferkammer ein Ordnungsgeld verhängt werden. Das einzelne Ordnungsgeld darf den Betrag von 100 000 Euro nicht übersteigen. § 68 Absatz 4 gilt entsprechend.

(2)   Im Fall der Verhängung eines Ordnungsgelds gilt § 62a Absatz 3 entsprechend.

(3)   § 62a Absatz 4 gilt entsprechend.

§ 69 Bekanntmachung von Maßnahmen, Bußgeldentscheidungen und strafrechtlichen Verurteilungen

(1)   Die Wirtschaftsprüferkammer und die Abschlussprüferaufsichtsstelle sollen jede ihrer unanfechtbaren berufsaufsichtlichen Maßnahmen unverzüglich auf ihren Internetseiten öffentlich bekannt machen und dabei auch Informationen zu Art und Charakter des Verstoßes mitteilen. Die Bekanntmachung darf keine personenbezogenen Daten enthalten.

(1a)   Die Abschlussprüferaufsichtsstelle soll neben der Bekanntmachung nach Absatz 1 unverzüglich auf ihrer Internetseite öffentlich bekannt machen:

1.   jede rechtskräftige Bußgeldentscheidung nach § 334 Absatz 2 und 2a, § 340n Absatz 2 und 2a und § 341n Absatz 2 und 2a des Handelsgesetzbuchs, § 20 Absatz 2a bis 2c des Publizitätsgesetzes, § 405 Absatz 3b bis 3d des Aktiengesetzes, § 87 Absatz 1 bis 3 des Gesetzes betreffend die Gesellschaften mit beschränkter Haftung, § 152 Absatz 1a des Genossenschaftsgesetzes und § 332 Absatz 4a des Versicherungsaufsichtsgesetzes sowie

2.   jede rechtskräftige Verurteilung wegen einer Straftat nach den §§ 333a, 340m Absatz 2 und nach § 341m Absatz 2 des Handelsgesetzbuchs, § 19a des Publizitätsgesetzes, § 404a des Aktiengesetzes, § 86 des Gesetzes betreffend die Gesellschaften mit beschränkter Haftung, § 151a des Genossenschaftsgesetzes und § 331 Absatz 2a des Versicherungsaufsichtsgesetzes.

Bei der Bekanntmachung nach Satz 1 sollen auch Informationen zu Art und Charakter des Verstoßes mitgeteilt werden. Absatz 1 Satz 2 gilt entsprechend.

(2) Maßnahmen, Bußgeldentscheidungen und strafrechtliche Verurteilungen werden anonymisiert bekannt gemacht, wenn im Fall einer Bekanntmachung nach Absatz 1 oder Absatz 1a die Stabilität der Finanzmärkte oder laufende strafrechtliche Ermittlungen gefährdet oder den Beteiligten ein unverhältnismäßig großer Schaden zugefügt würde.

(3) Maßnahmen, Bußgeldentscheidungen und strafrechtliche Verurteilungen sollen für fünf Jahre ab Unanfechtbarkeit oder Rechtskraft veröffentlicht bleiben.

(4) Die Abschlussprüferaufsichtsstelle unterrichtet den Ausschuss der Aufsichtsstellen (Artikel 30 der Verordnung (EU) Nr. 537/2014) unverzüglich über alle berufsaufsichtlichen Maßnahmen nach § 68 Absatz 1 Satz 2 Nummer 3 bis 6. Die Abschlussprüferaufsichtsstelle übermittelt dem Ausschuss der Aufsichtsstellen jährlich aggregierte Informationen über

1. alle berufsaufsichtlichen Maßnahmen,

2. alle Bußgeldentscheidungen nach § 334 Absatz 2 und 2a, § 340n Absatz 2 und 2a und § 341n Absatz 2 und 2a des Handelsgesetzbuchs, § 20 Absatz 2a bis 2c des Publizitätsgesetzes, § 405 Absatz 3b bis 3d des Aktiengesetzes, § 87 Absatz 1 bis 3 des Gesetzes betreffend die Gesellschaften mit beschränkter Haftung, § 152 Absatz 1a des Genossenschaftsgesetzes und § 332 Absatz 4a des Versicherungsaufsichtsgesetzes sowie

3. alle Verurteilungen wegen einer Straftat nach den §§ 333a, 340m Absatz 2 und nach § 341m Absatz 2 des Handelsgesetzbuchs, § 19a des Publizitätsgesetzes, § 404a des Aktiengesetzes, § 86 des Gesetzes betreffend die Gesellschaften mit beschränkter

Haftung, § 151a des Genossenschaftsgesetzes und § 331 Absatz 2a des Versicherungsaufsichtsgesetzes.

(5)   Wird in einem Beschwerdeverfahren eine Maßnahme nach § 68 Absatz 1 verhängt und nach Absatz 1 veröffentlicht, so ist dies dem Beschwerdeführer mitzuteilen. Die Mitteilung ist nicht anfechtbar.

§ 69a Anderweitige Ahndung

(1)   Ist durch ein Gericht oder eine Behörde eine Strafe, eine Disziplinarmaßnahme, eine anderweitige berufsgerichtliche Maßnahme oder eine Ordnungsmaßnahme verhängt worden, so ist von einer berufsaufsichtlichen Ahndung wegen desselben Verhaltens abzusehen, wenn nicht eine berufsaufsichtliche Maßnahme zusätzlich erforderlich ist, um den Berufsangehörigen oder die Berufsangehörige zur Erfüllung seiner oder ihrer Pflichten anzuhalten und das Ansehen des Berufs zu wahren. Einer Maßnahme nach § 68 Absatz 1 Satz 2 Nummer 3 bis 6 steht eine anderweitig verhängte Strafe oder Maßnahme nicht entgegen.

(2)   § 83 gilt sinngemäß.

(3)   Über Pflichtverletzungen von Berufsangehörigen, die zugleich der Disziplinar- oder Berufsgerichtsbarkeit eines anderen Berufs unterstehen, wird im berufsaufsichtlichen Verfahren dann nicht entschieden, wenn die Pflichtverletzung überwiegend mit der Ausübung des anderen Berufs im Zusammenhang steht. Dies gilt nicht, wenn wegen der Schwere der Pflichtverletzung die Verhängung einer Maßnahme nach § 68 Absatz 1 Satz 2 Nummer 3 bis 6 in Betracht kommt.

(4)   Die Wirtschaftsprüferkammer und die Abschlussprüferaufsichtsstelle sowie die für die Einleitung anderer disziplinar- oder berufsgerichtlicher Verfahren zuständigen Stellen

unterrichten sich gegenseitig über die Einleitung von Verfahren gegen Berufsangehörige, die zugleich der Disziplinar- oder Berufsgerichtsbarkeit eines anderen Berufs unterstehen. Hat sich das Gericht einer Disziplinar- oder Berufsgerichtsbarkeit zuvor rechtskräftig für zuständig oder unzuständig erklärt, über die Pflichtverletzung eines oder einer Berufsangehörigen, der oder die zugleich der Disziplinar- oder Berufsgerichtsbarkeit eines anderen Berufs untersteht, zu entscheiden, so sind die anderen Gerichte an diese Entscheidung gebunden.

(5)   Die Absätze 3 bis 4 sind auf Berufsangehörige, die in einem öffentlich-rechtlichen Dienst- oder Amtsverhältnis stehen und ihren Beruf als Wirtschaftsprüfer nicht ausüben dürfen (§ 44a), nicht anzuwenden.

§ 70 Verjährung der Verfolgung einer Pflichtverletzung

(1)   Die Verfolgung einer Pflichtverletzung, die nicht eine Maßnahme gemäß § 68 Absatz 1 Satz 2 Nummer 3 bis 6 rechtfertigt, verjährt in fünf Jahren. § 78 Abs. 1, § 78a Satz 1 sowie die §§ 78b und 78c Abs. 1 bis 4 des Strafgesetzbuches gelten entsprechend; der Vernehmung nach § 78c Abs. 1 Satz 1 Nr. 1 des Strafgesetzbuchs steht die erste Anhörung durch die Wirtschaftsprüferkammer (§ 68 Absatz 4 Satz 1) oder die Abschlussprüferaufsichtsstelle gleich.

(2)   Ist vor Ablauf der Verjährungsfrist nach Absatz 1 Satz 1 wegen desselben Sachverhalts ein Strafverfahren eingeleitet worden, ist der Ablauf der Verjährungsfrist für die Dauer des Strafverfahrens gehemmt.

§ 71 Vorschriften für Mitglieder der Wirtschaftsprüferkammer, die nicht Wirtschaftsprüfer sind, und Wirtschaftsprüfungsgesellschaften

(1)　Die Vorschriften des Fünften und Sechsten Teils gelten entsprechend für Vorstandsmitglieder, Geschäftsführer oder persönlich haftende Gesellschafter einer Wirtschaftsprüfungsgesellschaft, die nicht Wirtschaftsprüfer sind. An die Stelle der Ausschließung aus dem Beruf tritt die Aberkennung der Eignung, eine Wirtschaftsprüfungsgesellschaft zu vertreten und ihre Geschäfte zu führen.

(2)　Die Vorschriften des Fünften und Sechsten Teils gelten entsprechend für Wirtschaftsprüfungsgesellschaften, wenn jemand

1.　als vertretungsberechtigtes Organ der Wirtschaftsprüfungsgesellschaft oder als Mitglied eines solchen Organs,

2.　als vertretungsberechtigter Gesellschafter der Wirtschaftsprüfungsgesellschaft,

3.　als Generalbevollmächtigter oder in leitender Stellung als Prokurist oder Handlungsbevollmächtigter der Wirtschaftsprüfungsgesellschaft,

4.　als verantwortlicher Prüfungspartner nach § 319a Absatz 1 Satz 4 des Handelsgesetzbuchs oder

5.　als sonstige Person, die für die Leitung der Wirtschaftsprüfungsgesellschaft verantwortlich handelt, wozu auch die Überwachung der Geschäftsführung oder die sonstige Ausübung von Kontrollbefugnissen in leitender Stellung gehört,

Berufspflichten der Wirtschaftsprüfungsgesellschaft betreffend die Durchführung von gesetzlichen Abschlussprüfungen verletzt hat. Bei der Entscheidung, ob berufsaufsichtliche Maßnahmen gegen eine Wirtschaftsprüfungsgesellschaft verhängt werden und ob diese zusätzlich zu berufsaufsichtlichen Maßnahmen gegen die die Gesellschaft vertretenden Berufsangehörigen verhängt werden, hat der Vorstand der Wirtschaftsprüferkammer alle relevanten Umstände zu berücksichtigen. Dazu gehören neben dem allgemeinen Verhältnismäßigkeitsgrundsatz und den in § 68 Absatz 3 genannten Kriterien insbesondere die Gleichförmigkeit und Häufigkeit von Pflichtverletzungen innerhalb der Gesellschaft und der Schwerpunkt der Vorwerfbarkeit. § 68 Absatz 1 Satz 2 Nummer 4 und 6 findet keine Anwendung.

Sechster Teil

Berufsgerichtsbarkeit

Erster Abschnitt

Berufsgerichtliche Entscheidung

§ 71a Antrag auf berufsgerichtliche Entscheidung

Wird der Einspruch gegen eine berufsaufsichtliche Maßnahme zurückgewiesen, so können Berufsangehörige innerhalb eines Monats nach der Zustellung schriftlich die berufsgerichtliche Entscheidung beantragen.

Zweiter Abschnitt

Die Gerichte

§ 72 Kammer für Wirtschaftsprüfersachen

(1)   In dem berufsgerichtlichen Verfahren entscheidet im ersten Rechtszug eine Kammer des Landgerichts (Kammer für Wirtschaftsprüfersachen), in dessen Bezirk die Wirtschaftsprüferkammer ihren Sitz hat.

(2)   Die Kammer für Wirtschaftsprüfersachen entscheidet außerhalb der Hauptverhandlung in der Besetzung von drei Mitgliedern mit Einschluß des Vorsitzenden. In der Hauptverhandlung ist sie mit dem Vorsitzenden und zwei Berufsangehörigen als Beisitzern besetzt.

§ 73 Senat für Wirtschaftsprüfersachen beim Oberlandesgericht

(1)   In dem berufsgerichtlichen Verfahren entscheidet im zweiten Rechtszug ein Senat des Oberlandesgerichts (Senat für Wirtschaftsprüfersachen beim Oberlandesgericht).

(2)   Der Senat für Wirtschaftsprüfersachen beim Oberlandesgericht entscheidet außerhalb der Hauptverhandlung in der Besetzung von drei Mitgliedern mit Einschluß des Vorsitzenden. In der Hauptverhandlung wirken außerdem als Beisitzer zwei Berufsangehörige mit.

§ 74 Senat für Wirtschaftsprüfersachen beim Bundesgerichtshof

(1)   In dem berufsgerichtlichen Verfahren entscheidet im dritten Rechtszug ein Senat des Bundesgerichtshofes (Senat für Wirtschaftsprüfersachen beim Bundesgerichtshof). Er gilt als Strafsenat im Sinne des § 132 des Gerichtsverfassungsgesetzes.

(2)   Der Senat für Wirtschaftsprüfersachen beim Bundesgerichtshof besteht aus einem Vorsitzenden sowie zwei Mitgliedern des Bundesgerichtshofs und zwei Berufsangehörigen als Beisitzern.

§ 75 Berufsangehörige als Beisitzer

(1)   Die Beisitzer aus den Reihen der Berufsangehörigen sind ehrenamtliche Richter.

(2)   Die ehrenamtlichen Richter werden für die Gerichte des ersten und zweiten Rechtszuges von der Landesjustizverwaltung und für den Bundesgerichtshof von dem Bundesministerium der Justiz und für Verbraucherschutz auf die Dauer von fünf Jahren berufen. Sie können nach Ablauf ihrer Amtszeit wieder berufen werden.

(3)   Die ehrenamtlichen Richter werden den Vorschlagslisten entnommen, die der Vorstand der Wirtschaftsprüferkammer im Einvernehmen mit der Abschlussprüferaufsichtsstelle der Landesjustizverwaltung für die Gerichte des ersten und zweiten Rechtszuges und dem Bundesministerium der Justiz und für Verbraucherschutz für den Bundesgerichtshof einreicht. Die Landesjustizverwaltung und das Bundesministerium der Justiz und für Verbraucherschutz bestimmen, welche Zahl von Beisitzern für jedes Gericht erforderlich ist; sie haben vorher den Vorstand der Wirtschaftsprüferkammer zu hören. Jede Vorschlagsliste soll

mindestens die doppelte Zahl der zu berufenden Berufsangehörigen enthalten.

(4)   Scheidet ein ehrenamtlicher Richter vorzeitig aus, so wird für den Rest seiner Amtszeit ein Nachfolger berufen.

(5)   § 6 des Einführungsgesetzes zum Gerichtsverfassungsgesetz gilt entsprechend.

(6)   Die Landesjustizverwaltung und das Bundesministerium der Justiz und für Verbraucherschutz können einen von ihnen berufenen ehrenamtlichen Richter auf seinen Antrag aus dem Amt entlassen, wenn er aus gesundheitlichen Gründen auf nicht absehbare Zeit gehindert ist, sein Amt ordnungsgemäß auszuüben.

(7)   Das Amt eines ehrenamtlichen Richters, der zum ehrenamtlichen Richter bei einem Gericht des höheren Rechtszuges berufen wird, endet mit seiner Ernennung.

§ 76 Voraussetzungen für die Berufung zum Beisitzer und Recht zur Ablehnung

(1)   Zu ehrenamtlichen Richtern können nur Berufsangehörige berufen werden, die in den Vorstand der Wirtschaftsprüferkammer gewählt werden können. Sie dürfen als Beisitzer nur für die Kammer für Wirtschaftsprüfersachen, den Senat für Wirtschaftsprüfersachen beim Oberlandesgericht oder den Senat für Wirtschaftsprüfersachen beim Bundesgerichtshof berufen werden.

(2)   Die ehrenamtlichen Richter dürfen nicht gleichzeitig dem Vorstand oder dem Beirat der Wirtschaftsprüferkammer angehören oder bei der Wirtschaftsprüferkammer im Haupt- oder Nebenberuf tätig sein.

(3)   Die Übernahme des Beisitzeramtes kann ablehnen,

1. wer das fünfundsechzigste Lebensjahr vollendet hat;

2. wer in den letzten vier Jahren Mitglied des Vorstandes der Wirtschaftsprüferkammer gewesen ist;

3. wer in gesundheitlicher Hinsicht beeinträchtigt ist.

§ 77 Enthebung vom Amt des Beisitzers

(1) Ein ehrenamtlicher Richter ist auf Antrag der Justizverwaltung, die ihn berufen hat, seines Amtes zu entheben,

1. wenn nachträglich bekannt wird, daß er nicht hätte zum Beisitzer berufen werden dürfen;

2. wenn nachträglich ein Umstand eintritt, welcher der Berufung zum Beisitzer entgegensteht;

3. wenn der oder die Berufsangehörige seine oder ihre Amtspflicht als Beisitzer grob verletzt.

(2) Über den Antrag der Landesjustizverwaltung entscheidet ein Zivilsenat des Oberlandesgerichts, über den Antrag des Bundesministeriums der Justiz und für Verbraucherschutz ein Zivilsenat des Bundesgerichtshofes. Bei der Entscheidung dürfen die Mitglieder der Senate für Wirtschaftsprüfersachen nicht mitwirken.

(3) Vor der Entscheidung ist der ehrenamtliche Richter zu hören. Die Entscheidung ist endgültig.

§ 78 Stellung der ehrenamtlichen Richter und Pflicht zur Verschwiegenheit

(1) Die ehrenamtlichen Richter haben in der Sitzung, zu der sie herangezogen werden, die Stellung eines Berufsrichters.

(2)   Die ehrenamtlichen Richter haben über Angelegenheiten, die ihnen bei ihrer Tätigkeit bekannt werden, Verschwiegenheit gegen jedermann zu bewahren. § 64 Abs. 2 und 3 ist entsprechend anzuwenden. Die Genehmigung zur Aussage erteilt der Präsident des Gerichts.

§ 79 Reihenfolge der Teilnahme an den Sitzungen

(1)   Die ehrenamtlichen Richter sind zu den einzelnen Sitzungen in der Reihenfolge einer Liste heranzuziehen, die der Vorsitzende nach Anhörung der beiden ältesten der berufenen ehrenamtlichen Richter vor Beginn des Geschäftsjahres aufstellt.

(2)   Für die Entbindung eines ehrenamtlichen Richters von der Dienstleistung an bestimmten Sitzungstagen gilt § 54 des Gerichtsverfassungsgesetzes sinngemäß.

§ 80 Entschädigung der ehrenamtlichen Richter

Die ehrenamtlichen Richter erhalten eine Entschädigung nach dem Justizvergütungs- und -entschädigungsgesetz.

Dritter Abschnitt

Verfahrensvorschriften

1. Allgemeines

§ 81 Vorschriften für das Verfahren

Für das berufsgerichtliche Verfahren gelten die nachstehenden Vorschriften sowie § 62 entsprechend.

§ 82 Keine Verhaftung von Berufsangehörigen

Berufsangehörige dürfen zur Durchführung des berufsgerichtlichen Verfahrens weder vorläufig festgenommen noch verhaftet oder vorgeführt werden. Sie dürfen zudem nicht zur Vorbereitung eines Gutachtens über ihren psychischen Zustand in ein psychiatrisches Krankenhaus gebracht werden.

§ 82a Verteidigung

(1)　Zu Verteidigern im berufsgerichtlichen Verfahren vor dem Landgericht und vor dem Oberlandesgericht können außer den in § 138 Abs. 1 der Strafprozeßordnung genannten Personen auch Berufsangehörige gewählt werden.

(2)　§ 140 Abs. 1 Nr. 1 bis 3, 6, 7 und 9 der Strafprozeßordnung ist auf die Verteidigung im berufsgerichtlichen Verfahren nicht anzuwenden.

§ 82b Akteneinsicht; Beteiligung der Wirtschaftsprüferkammer und der Abschlussprüferaufsichtsstelle

(1)　Die Wirtschaftsprüferkammer, die Abschlussprüferaufsichtsstelle und die betroffenen Berufsangehörigen sind befugt, die Akten, die dem Gericht vorliegen, einzusehen sowie amtlich verwahrte Beweisstücke zu besichtigen. § 147 Absatz 2 Satz 1, Absatz 3, 5 und 6 der Strafprozessordnung ist insoweit entsprechend anzuwenden.

(2)　Der Wirtschaftsprüferkammer und der Abschlussprüferaufsichtsstelle sind Ort und Zeit der Hauptverhandlung mitzuteilen; die von dort entsandten Personen erhalten auf Verlangen das Wort. § 99 Absatz 2 Satz 1 bleibt unberührt. Einstellungen nach den §§ 153 bis 153b und 154 der Strafprozessordnung bedürfen zusätzlich der Zustimmung der Abschlussprüferaufsichtsstelle. Entsprechendes gilt für den Fall, dass nach § 154a der Strafprozessordnung von der Verfolgung von Teilen einer Tat abgesehen werden soll. Erfolgt die Einstellung oder das Absehen von der Verfolgung in der Hauptverhandlung, gelten die Sätze 3 und 4 nur, wenn ein Vertreter der Abschlussprüferaufsichtsstelle an der Hauptverhandlung teilnimmt.

§ 83 Verhältnis des berufsgerichtlichen Verfahrens zum Straf- oder Bußgeldverfahren

Werden Berufsangehörige im gerichtlichen Verfahren wegen einer Straftat oder einer Ordnungswidrigkeit verurteilt oder freigesprochen, so sind für die Entscheidung im berufsgerichtlichen Verfahren die tatsächlichen Feststellungen des Urteils im Strafverfahren oder Bußgeldverfahren bindend, auf denen die Entscheidung des Gerichts beruht. In dem berufsgerichtlichen Verfahren kann ein Gericht jedoch die nochmalige Prüfung solcher Feststellungen beschließen, deren Richtigkeit seine Mitglieder mit Stimmenmehrheit bezweifeln; dies ist in den Gründen der berufsgerichtlichen Entscheidung zum Ausdruck zu bringen.

§ 83a (weggefallen)

§ 83b Aussetzung des berufsgerichtlichen Verfahrens

Das berufsgerichtliche Verfahren kann ausgesetzt werden, wenn

1. gegen den Berufsangehörigen oder die Berufsangehörige in einem anderen berufsaufsichtlichen Verfahren der Wirtschaftsprüferkammer oder der Abschlussprüferaufsichtsstelle wegen weiterer Berufspflichtverletzungen ermittelt wird und für den Fall, dass in dem anderen berufsaufsichtlichen Verfahren ein Antrag auf

berufsgerichtliche Entscheidung gestellt wird, eine Verbindung beider Verfahren zweckmäßig wäre,

2. in einem anderen gesetzlich geregelten Verfahren ein Sachverhalt aufzuklären oder eine Rechtsfrage zu entscheiden ist, ohne deren Beurteilung eine Entscheidung im berufsgerichtlichen Verfahren nicht möglich oder nicht zweckmäßig ist oder

3. der rechtskräftige Abschluss eines anderen gesetzlich geregelten Verfahrens, in dem über einen Sachverhalt oder eine Rechtsfrage zu entscheiden ist, deren Beurteilung für die Entscheidung im berufsgerichtlichen Verfahren von Bedeutung ist, innerhalb von sechs Monaten zu erwarten ist.

§ 83c Wiederaufnahme des berufsgerichtlichen Verfahrens

Die Wiederaufnahme eines rechtskräftig abgeschlossenen berufsgerichtlichen Verfahrens ist zulässig, wenn die tatsächlichen Feststellungen, auf denen die Verurteilung oder der Freispruch im berufsgerichtlichen Verfahren beruht, den Feststellungen in einem strafgerichtlichen Verfahren wegen desselben Verhaltens widersprechen. Den Antrag auf Wiederaufnahme des Verfahrens können die Staatsanwaltschaft oder die betroffen Berufsangehörigen binnen eines Monats nach Rechtskraft des Urteils im strafgerichtlichen Verfahren stellen.

2. Das Verfahren im ersten Rechtszug

§ 84 Mitwirkung der Staatsanwaltschaft

Die Staatsanwaltschaft bei dem Oberlandesgericht, bei dem der Senat für Wirtschaftsprüfersachen besteht, nimmt in den Verfahren vor der

Kammer für Wirtschaftsprüfersachen die Aufgaben der Staatsanwaltschaft wahr.

§ 85 Einleitung des berufsgerichtlichen Verfahrens

Das berufsgerichtliche Verfahren wird dadurch eingeleitet, dass der oder die Berufsangehörige den Antrag nach § 71a schriftlich bei dem Landgericht einreicht.

§ 86 Verfahren

(1)   Ist der Antrag auf berufsgerichtliche Entscheidung verspätet eingelegt oder sonst unzulässig, verwirft ihn das Landgericht ohne Hauptverhandlung durch Beschluss; gegen den Beschluss ist sofortige Beschwerde zulässig.

(2)   Anderenfalls beraumt das Landgericht eine Hauptverhandlung an. Für diese gelten die Vorschriften der Strafprozessordnung sinngemäß, soweit dieses Gesetz nichts anderes bestimmt.

§ 87 (weggefallen)

§§ 88 bis 93 (weggefallen)

§ 94 Verlesung der berufsaufsichtlichen Entscheidung

In der Hauptverhandlung tritt an die Stelle der Verlesung des Anklagesatzes nach § 243 Absatz 3 der Strafprozessordnung die Verlesung des Tenors der angefochtenen Entscheidung über die Verhängung der berufsaufsichtlichen Maßnahme.

§§ 95 bis 97 (weggefallen)

§ 98 Hauptverhandlung trotz Ausbleibens der Berufsangehörigen

Die Hauptverhandlung kann gegen Berufsangehörige, die nicht erschienen sind, durchgeführt werden, wenn diese ordnungsmäßig geladen wurden und in der Ladung darauf hingewiesen wurde, dass in ihrer Abwesenheit verhandelt werden kann. Eine öffentliche Ladung ist nicht zulässig.

§ 99 Nichtöffentliche Hauptverhandlung

(1)   Die Hauptverhandlung ist nicht öffentlich. Auf Antrag der Staatsanwaltschaft kann, auf Antrag der betroffenen Berufsangehörigen muss die Öffentlichkeit hergestellt werden. Ferner ist die Hauptverhandlung immer dann öffentlich, wenn die vorgeworfene Pflichtverletzung im Zusammenhang mit der Durchführung einer Prüfung nach § 316 des Handelsgesetzbuchs steht. In den Fällen einer öffentlichen Verhandlung nach Satz 2 oder 3 sind die Vorschriften des Gerichtsverfassungsgesetzes über die Öffentlichkeit sinngemäß anzuwenden.

(2)   Zu nichtöffentlichen Verhandlungen ist Vertretern der Landesjustizverwaltung, dem Präsidenten des Oberlandesgerichts oder seinem Beauftragten, den Beamten der Staatsanwaltschaft bei dem Oberlandesgericht, Vertretern des Bundesministeriums für Wirtschaft und Energie, Vertretern der Abschlussprüferaufsichtsstelle, Vertretern der Wirtschaftsprüferkammer und den Wirtschaftsprüfern der Zutritt gestattet. Die Kammer für Wirtschaftsprüfersachen kann nach Anhörung der Beteiligten auch andere Personen als Zuhörer zulassen.

§ 100 (weggefallen)

§ 101 Beweisaufnahme durch einen ersuchten Richter

Die Kammer für Wirtschaftsprüfersachen kann ein Amtsgericht um die Vernehmung von Zeugen oder Sachverständigen ersuchen. Der Zeuge oder Sachverständige ist jedoch auf Antrag der Staatsanwaltschaft oder der Berufsangehörigen in der Hauptverhandlung zu vernehmen, es sei denn, daß er voraussichtlich am Erscheinen in der Hauptverhandlung verhindert ist oder ihm das Erscheinen wegen großer Entfernung nicht zugemutet werden kann.

§ 102 Verlesen von Protokollen

(1)   Die Kammer für Wirtschaftsprüfersachen beschließt nach pflichtmäßigem Ermessen, ob die Aussage eines Zeugen oder eines Sachverständigen, der bereits in dem berufsgerichtlichen oder in einem anderen gesetzlich geordneten Verfahren vernommen worden ist, zu verlesen sei.

(2)   Bevor der Gerichtsbeschluß ergeht, können die Staatsanwaltschaft oder die Berufsangehörigen beantragen, den Zeugen oder Sachverständigen in der Hauptverhandlung zu vernehmen. Einem solchen Antrag ist zu entsprechen, es sei denn, daß der Zeuge oder Sachverständige voraussichtlich am Erscheinen in der Hauptverhandlung verhindert ist oder ihm das Erscheinen wegen großer Entfernung nicht zugemutet werden kann. Wird dem Antrag stattgegeben, so darf das Protokoll über die frühere Vernehmung nicht verlesen werden.

(3)   Ist ein Zeuge oder Sachverständiger durch einen ersuchten Richter vernommen worden (§ 101), so kann der Verlesung des Protokolls nicht widersprochen werden. Die Staatsanwaltschaft oder die Berufsangehörigen können kann jedoch der Verlesung widersprechen, wenn ein Antrag gemäß § 101 Satz 2 abgelehnt worden

ist und Gründe für eine Ablehnung des Antrags jetzt nicht mehr bestehen.

§ 103 Entscheidung

(1)   Die mündliche Verhandlung schließt mit der auf die Beratung folgenden Verkündung des Urteils.

(2)   Das Gericht entscheidet in der Sache selbst über alle Berufspflichtverletzungen, die Gegenstand der angefochtenen berufsaufsichtlichen Entscheidung nach § 68 sind. Es entscheidet auf Zurückweisung des Antrags auf berufsgerichtliche Entscheidung oder unter Aufhebung der angefochtenen Entscheidung auf Verurteilung zu einer oder mehreren der in § 68 Absatz 1 und § 68a genannten Maßnahmen, auf Freisprechung oder auf Einstellung des Verfahrens nach Absatz 3.

(3)   Das berufsgerichtliche Verfahren ist, abgesehen von dem Fall des § 260 Absatz 3 der Strafprozessordnung, einzustellen,

1.   wenn die Bestellung als Wirtschaftsprüfer oder die Anerkennung als Wirtschaftsprüfungsgesellschaft erloschen, zurückgenommen oder widerrufen ist (§§ 19, 20, 33, 34) oder

2.   wenn nach § 69a Absatz 1 von einer berufsgerichtlichen Ahndung abzusehen ist.

3. Die Rechtsmittel

§ 104 Beschwerde

Für die Verhandlung und Entscheidung über Beschwerden ist der Senat für Wirtschaftsprüfersachen beim Oberlandesgericht zuständig.

§ 105 Berufung

(1)　Gegen das Urteil der Kammer für Wirtschaftsprüfersachen ist die Berufung an den Senat für Wirtschaftsprüfersachen zulässig.

(2)　Die Berufung muß binnen einer Woche nach Verkündung des Urteils bei der Kammer für Wirtschaftsprüfersachen schriftlich eingelegt werden. Ist das Urteil nicht in Anwesenheit des oder der Berufsangehörigen verkündet worden, so beginnt für diesen oder diese die Frist mit der Zustellung.

(3)　Die Berufung kann nur schriftlich gerechtfertigt werden.

(4)　Auf das Verfahren sind im übrigen neben den Vorschriften der Strafprozeßordnung über die Berufung die §§ 98 bis 103 dieses Gesetzes sinngemäß anzuwenden.

§ 106 Mitwirkung der Staatsanwaltschaft vor dem Senat für Wirtschaftsprüfersachen

Die Aufgaben der Staatsanwaltschaft in dem Verfahren vor dem Senat für Wirtschaftsprüfersachen werden von der Staatsanwaltschaft bei dem Oberlandesgericht wahrgenommen, bei dem der Senat besteht.

§ 107 Revision

(1)　Gegen ein Urteil des Senats für Wirtschaftsprüfersachen bei dem Oberlandesgericht ist die Revision an den Bundesgerichtshof zulässig,

1.　wenn das Urteil auf Ausschließung aus dem Beruf lautet;

2.　wenn der Senat für Wirtschaftsprüfersachen bei dem Oberlandesgericht entgegen einem Antrag der Staatsanwaltschaft nicht auf Ausschließung erkannt hat;

3.   wenn der Senat für Wirtschaftsprüfersachen beim Oberlandesgericht sie in dem Urteil zugelassen hat.

(2)   Der Senat für Wirtschaftsprüfersachen beim Oberlandesgericht darf die Revision nur zulassen, wenn er über Rechtsfragen oder Fragen der Berufspflichten entschieden hat, die von grundsätzlicher Bedeutung sind.

(3)   Die Nichtzulassung der Revision kann selbständig durch Beschwerde innerhalb eines Monats nach Zustellung des Urteils angefochten werden. Die Beschwerde ist bei dem Oberlandesgericht einzulegen. In der Beschwerdeschrift muß die grundsätzliche Rechtsfrage ausdrücklich bezeichnet werden.

(4)   Die Beschwerde hemmt die Rechtskraft des Urteils.

(5)   Wird der Beschwerde nicht abgeholfen, so entscheidet der Bundesgerichtshof durch Beschluß. Der Beschluß bedarf keiner Begründung, wenn die Beschwerde einstimmig verworfen oder zurückgewiesen wird. Mit Ablehnung der Beschwerde durch den Bundesgerichtshof wird das Urteil rechtskräftig. Wird der Beschwerde stattgegeben, so beginnt mit Zustellung des Beschwerdebescheids die Revisionsfrist.

§ 107a Einlegung der Revision und Verfahren

(1)   Die Revision ist binnen einer Woche bei dem Oberlandesgericht schriftlich einzulegen. Die Frist beginnt mit der Verkündung des Urteils. Ist das Urteil nicht in Anwesenheit der Berufsangehörigen verkündet worden, so beginnt für diesen oder diese die Frist mit der Zustellung.

(2)   Berufsangehörige können die Revisionsanträge und deren Begründung nur schriftlich anbringen.

(3)   Auf das Verfahren vor dem Bundesgerichtshof sind im übrigen neben den Vorschriften der Strafprozeßordnung über die Revision § 99 und § 103 Abs. 3 dieses Gesetzes sinngemäß anzuwenden. In den Fällen des § 354 Abs. 2 der Strafprozeßordnung ist an den nach § 73 zuständigen Senat für Wirtschaftsprüfersachen beim Oberlandesgericht zurückzuverweisen.

§ 108 Mitwirkung der Staatsanwaltschaft vor dem Bundesgerichtshof

Die Aufgaben der Staatsanwaltschaft in den Verfahren vor dem Bundesgerichtshof werden von dem Generalbundesanwalt wahrgenommen.

4. Die Sicherung von Beweisen

§ 109 Anordnung der Beweissicherung

(1)   Wird ein berufsgerichtliches Verfahren eingestellt, weil die Bestellung als Wirtschaftsprüfer erloschen oder zurückgenommen ist, so kann in der Entscheidung zugleich auf Antrag der Staatsanwaltschaft die Sicherung der Beweise angeordnet werden, wenn zu erwarten ist, daß auf Ausschließung aus dem Beruf erkannt worden wäre. Die Anordnung kann nicht angefochten werden.

(2)   Die Beweise werden von der Kammer für Wirtschaftsprüfersachen beim Landgericht aufgenommen. Die Kammer kann eines ihrer berufsrichterlichen Mitglieder mit der Beweisaufnahme beauftragen.

§ 110 Verfahren

(1)   Die Kammer für Wirtschaftsprüfersachen beim Landgericht hat von Amts wegen alle Beweise zu erheben, die eine Entscheidung

darüber begründen können, ob das eingestellte Verfahren zur Ausschließung aus dem Beruf geführt hätte. Den Umfang des Verfahrens bestimmt die Kammer für Wirtschaftsprüfersachen beim Landgericht nach pflichtmäßigem Ermessen, ohne an Anträge gebunden zu sein; ihre Verfügungen können insoweit nicht angefochten werden.

(2)   Zeugen sind, soweit nicht Ausnahmen vorgeschrieben oder zugelassen sind, eidlich zu vernehmen.

(3)   Die Staatsanwaltschaft und der oder die frühere Berufsangehörige sind an dem Verfahren zu beteiligen. Ein Anspruch auf Benachrichtigung von den Terminen, die zum Zwecke der Beweissicherung anberaumt werden, steht den früheren Berufsangehörigen nur zu, wenn sie sich im Inland aufhalten und sie ihre Anschrift dem Landgericht angezeigt haben.

5. Das vorläufige Tätigkeits- und Berufsverbot

§ 111 Voraussetzung des Verbotes

(1)   Sind dringende Gründe für die Annahme vorhanden, dass gegen Berufsangehörige auf Ausschließung aus dem Beruf erkannt werden wird, so kann durch Beschluss ein vorläufiges Tätigkeits- oder Berufsverbot verhängt werden.

(2)   Die Wirtschaftsprüferkammer oder die Abschlussprüferaufsichtsstelle kann in ihren jeweiligen Zuständigkeitsbereichen vor Einleitung des berufsgerichtlichen Verfahrens den Antrag auf Verhängung eines vorläufigen Tätigkeits- oder Berufsverbots stellen. In dem Antrag sind die Pflichtverletzung, die dem oder der Berufsangehörigen zur Last gelegt wird, sowie die Beweismittel anzugeben.

(3)   Für die Verhandlung und Entscheidung ist das Gericht zuständig, das im berufsgerichtlichen Verfahren gegen die Berufsangehörigen zu entscheiden hat oder vor dem das berufsgerichtliche Verfahren anhängig ist.

§ 112 Mündliche Verhandlung

(1)   Der Beschluß, durch den ein vorläufiges Tätigkeits- oder Berufsverbot verhängt wird, kann nur auf Grund mündlicher Verhandlung ergehen.

(2)   Auf die Besetzung des Gerichts, die Ladung und die mündliche Verhandlung sind die Vorschriften entsprechend anzuwenden, die für die Hauptverhandlung vor dem erkennenden Gericht maßgebend sind, soweit sich nicht aus den folgenden Vorschriften etwas anderes ergibt.

(3)   In der ersten Ladung ist die den Berufsangehörigen zur Last gelegte Pflichtverletzung durch Anführung der sie begründenden Tatsachen zu bezeichnen; ferner sind die Beweismittel anzugeben. Dies ist jedoch nicht erforderlich, wenn den Berufsangehörigen die Anschuldigungsschrift bereits mitgeteilt worden ist.

(4)   Den Umfang der Beweisaufnahme bestimmt das Gericht nach pflichtmäßigem Ermessen, ohne an Anträge der Staatsanwaltschaft oder der Berufsangehörigen gebunden zu sein.

§ 113 Abstimmung über das Verbot

Zur Verhängung des vorläufigen Tätigkeits- oder Berufsverbots ist eine Mehrheit von zwei Dritteln der Stimmen erforderlich.

§ 114 Verbot im Anschluß an die Hauptverhandlung

Hat das Gericht auf Ausschließung aus dem Beruf erkannt, so kann es im unmittelbaren Anschluß an die Hauptverhandlung über die Verhängung des vorläufigen Tätigkeits- oder Berufsverbots verhandeln und entscheiden. Dies gilt auch dann, wenn die Berufsangehörigen zu der Hauptverhandlung nicht erschienen sind.

§ 115 Zustellung des Beschlusses

Der Beschluß ist mit Gründen zu versehen. Er ist den Berufsangehörigen zuzustellen. Waren die Berufsangehörigen bei der Verkündung des Beschlusses nicht anwesend, ist ihnen zusätzlich der Beschluß ohne Gründe unverzüglich nach der Verkündung zuzustellen.

§ 116 Wirkungen des Verbotes

(1)   Der Beschluß wird mit der Verkündung wirksam.

(2)   Berufsangehörige, gegen die ein vorläufiges Tätigkeitsverbot verhängt ist, dürfen die in der Entscheidung genannten Tätigkeiten nicht ausüben. Berufsangehörige, gegen die ein vorläufiges Berufsverbot verhängt ist, dürfen ihren Beruf nicht ausüben.

(3)   Berufsangehörige, gegen die ein vorläufiges Tätigkeits- oder Berufsverbot verhängt ist, dürfen jedoch ihre eigenen Angelegenheiten sowie die Angelegenheiten ihrer Ehegatten, Lebenspartner und minderjährigen Kinder wahrnehmen, soweit es sich nicht um die Erteilung von Prüfungsvermerken handelt.

(4)   Die Wirksamkeit von Rechtshandlungen, die Berufsangehörige vornehmen, wird durch vorläufige Tätigkeits- oder Berufsverbote nicht berührt. Das Gleiche gilt für Rechtshandlungen, die ihnen gegenüber vorgenommen werden.

§ 117 Zuwiderhandlungen gegen das Verbot

(1)　Berufsangehörige, die gegen sie ergangene vorläufige Tätigkeits- oder Berufsverbote wissentlich zuwiderhandeln, werden aus dem Beruf ausgeschlossen, sofern nicht wegen besonderer Umstände eine mildere berufsgerichtliche Maßnahme ausreichend erscheint.

(2)　Gerichte und Behörden sollen Berufsangehörige, die entgegen einem vorläufigen Tätigkeits- oder Berufsverbot vor ihnen auftreten, zurückweisen.

§ 118 Beschwerde

(1)　Gegen den Beschluß, durch den das Landgericht oder das Oberlandesgericht ein vorläufiges Tätigkeits- oder Berufsverbot verhängt, ist die sofortige Beschwerde zulässig. Die Beschwerde hat keine aufschiebende Wirkung.

(2)　Gegen den Beschluß, durch den das Landgericht oder das Oberlandesgericht es ablehnt, ein vorläufiges Tätigkeits- oder Berufsverbot zu verhängen, steht der Staatsanwaltschaft die sofortige Beschwerde zu.

(3)　Über die sofortige Beschwerde entscheidet, sofern der angefochtene Beschluß von dem Landgericht erlassen ist, das Oberlandesgericht und, sofern er vor dem Oberlandesgericht ergangen ist, der Bundesgerichtshof. Für das Verfahren gelten neben den Vorschriften der Strafprozeßordnung über die Beschwerde § 112 Abs. 1, 2 und 4 sowie §§ 113 und 115 dieses Gesetzes entsprechend.

§ 119 Außerkrafttreten des Verbotes

Vorläufige Tätigkeits- und Berufsverbote treten außer Kraft, wenn das ihrer Verhängung zugrundeliegende berufsgerichtliche Verfahren eingestellt oder rechtskräftig abgeschlossen wird. Ein vorläufiges

Berufsverbot tritt über Satz 1 hinaus außer Kraft, wenn ein Urteil ergeht, in dem nicht auf eine Ausschließung aus dem Beruf oder ein Berufsverbot erkannt wird. Ein vorläufiges Tätigkeitsverbot tritt über Satz 1 hinaus außer Kraft, wenn ein Urteil ergeht, in dem weder auf eine Ausschließung aus dem Beruf oder ein Berufsverbot noch ein dem vorläufigen entsprechendes Tätigkeitsverbot erkannt wird.

§ 120 Aufhebung des Verbotes

(1)   Das vorläufige Tätigkeits- oder Berufsverbot wird aufgehoben, wenn sich ergibt, daß die Voraussetzungen für seine Verhängung nicht oder nicht mehr vorliegen.

(2)   Über die Aufhebung entscheidet das nach § 111 Abs. 3 zuständige Gericht.

(3)   Auf Antrag der Berufsangehörigen, das Verbot aufzuheben, kann eine erneute mündliche Verhandlung angeordnet werden. Der Antrag kann nicht gestellt werden, solange über eine sofortige Beschwerde von Berufsangehörigen nach § 118 Abs. 1 noch nicht entschieden ist. Gegen den Beschluß, durch den der Antrag abgelehnt wird, ist eine Beschwerde nicht zulässig.

§ 120a Mitteilung des Verbotes

(1)   Der Beschluß, durch den ein vorläufiges Tätigkeits- oder Berufsverbot verhängt wird, ist alsbald der Wirtschaftsprüferkammer in beglaubigter Abschrift mitzuteilen.

(2)   Tritt das vorläufige Tätigkeits- oder Berufsverbot außer Kraft oder wird es aufgehoben, so gilt Absatz 1 entsprechend.

§ 121 Bestellung eines Vertreters

(1)   Für Berufsangehörige, gegen die ein vorläufiges Tätigkeits- oder Berufsverbot verhängt ist, wird im Fall des Bedürfnisses von der Wirtschaftsprüferkammer ein Vertreter bestellt. Vor der Bestellung sind die vom vorläufigen Tätigkeits- oder Berufsverbot betroffenen Berufsangehörigen zu hören; sie können geeignete Vertreter vorschlagen.

(2)   Die Vertreter müssen Berufsangehörige sein.

(3)   Berufsangehörige, denen die Vertretung übertragen wird, können sie nur aus einem wichtigen Grund ablehnen. Über die Ablehnung entscheidet die Wirtschaftsprüferkammer.

(4)   Die Vertreter führen ihr Amt unter eigener Verantwortung, jedoch für Rechnung und auf Kosten der Vertretenen. An Weisungen der Vertretenen sind sie nicht gebunden.

(5)   Die Vertretenen haben den Vertretern eine angemessene Vergütung zu zahlen. Auf Antrag der Vertretenen oder der Vertreter setzt der Vorstand der Wirtschaftsprüferkammer die Vergütung fest. Die Vertreter sind befugt, Vorschüsse auf die vereinbarte oder festgesetzte Vergütung zu entnehmen. Für die festgesetzte Vergütung haftet die Wirtschaftsprüferkammer wie ein Bürge.

6. Das vorläufige Untersagungsverfahren

§ 121a Voraussetzung des Verfahrens

(1)   Sind dringende Gründe für die Annahme vorhanden, dass den betroffenen Berufsangehörigen die Aufrechterhaltung oder Vornahme eines pflichtwidrigen Verhaltens untersagt werden wird, so kann gegen sie durch Beschluss eine vorläufige Untersagung ausgesprochen werden.

(2)   Für das weitere Verfahren gelten § 111 Abs. 2 bis § 120a sinngemäß.

Vierter Abschnitt

Die Kosten in dem berufsgerichtlichen Verfahren. Die Vollstreckung der berufsgerichtlichen Maßnahmen und der Kosten.
Die Tilgung

§ 122 Gerichtskosten

In gerichtlichen Verfahren nach diesem Gesetz werden Gebühren nach dem Gebührenverzeichnis der Anlage zu diesem Gesetz erhoben. Im Übrigen sind die für Kosten in Strafsachen geltenden Vorschriften des Gerichtskostengesetzes entsprechend anzuwenden.

§ 123 (weggefallen)

§ 124 Kostenpflicht

(1)   Berufsangehörigen, die ihren Antrag auf berufsgerichtliche Entscheidung zurücknehmen, deren Antrag auf berufsgerichtliche Entscheidung zurückgewiesen wird oder die in dem berufsgerichtlichen Verfahren verurteilt werden, sind die in dem Verfahren entstandenen Kosten ganz oder teilweise aufzuerlegen. Dasselbe gilt, wenn das berufsgerichtliche Verfahren wegen Erlöschens, Rücknahme oder Widerrufs der Bestellung eingestellt wird und nach dem Ergebnis des bisherigen Verfahrens die Verhängung einer berufsaufsichtlichen Maßnahme gerechtfertigt war; zu den Kosten des berufsgerichtlichen Verfahrens gehören in diesem Fall auch diejenigen, die in einem

anschließenden Verfahren zum Zwecke der Beweissicherung (§§ 109 und 110) entstehen. Wird das Verfahren nach § 103 Absatz 3 Nummer 2 eingestellt, kann das Gericht den Berufsangehörigen die in dem Verfahren entstandenen Kosten ganz oder teilweise auferlegen, wenn es dies für angemessen erachtet.

(2)   Den Berufsangehörigen, die in dem berufsgerichtlichen Verfahren ein Rechtsmittel zurückgenommen oder ohne Erfolg eingelegt haben, sind die durch dieses Verfahren entstandenen Kosten aufzuerlegen. Hatte das Rechtsmittel teilweise Erfolg, so kann den Berufsangehörigen ein angemessener Teil dieser Kosten auferlegt werden.

(3)   Für die Kosten, die durch einen Antrag auf Wiederaufnahme des durch ein rechtskräftiges Urteil abgeschlossenen Verfahrens verursacht worden sind, ist Absatz 2 entsprechend anzuwenden.

(4)   Werden Berufsangehörige unter Aufhebung der angefochtenen Entscheidung freigesprochen, so sind die notwendigen Auslagen der Berufsangehörigen der Staatskasse aufzuerlegen. Auslagen, die weder den Berufsangehörigen noch Dritten auferlegt oder die von den Berufsangehörigen nicht eingezogen werden können, fallen der Staatskasse zur Last.

§ 125 (weggefallen)

§ 126 Vollstreckung der berufsgerichtlichen Maßnahmen und der Kosten

(1)   Die Ausschließung aus dem Beruf wird mit der Unanfechtbarkeit der Entscheidung über die berufsaufsichtliche Maßnahme wirksam.

(2)   Die Vollstreckung einer Geldbuße und eines Tätigkeitsverbots nach § 68 Absatz 1 Satz 2 Nummer 4 sowie die Beitreibung der Kosten

werden nicht dadurch gehindert, dass der oder die Berufsangehörige nach rechtskräftigem Abschluss des Verfahrens aus dem Beruf ausgeschieden ist. Werden zusammen mit einer Geldbuße die Kosten des Verfahrens beigetrieben, so gelten auch für die Kosten die Vorschriften über die Vollstreckung der Geldbuße.

§ 126a Tilgung

(1)   Eintragungen in den über Berufsangehörige geführten Akten über berufsaufsichtliche Maßnahmen nach § 68 Absatz 1 Satz 2 sind nach zehn Jahren zu tilgen. Die Frist beträgt nur fünf Jahre für

1.   Rügen nach § 68 Absatz 1 Satz 2 Nummer 1,

2.   Geldbußen nach § 68 Absatz 1 Satz 2 Nummer 2 bis zu 10 000 Euro und

3.   Feststellungen nach § 68 Absatz 1 Satz 2 Nummer 7.

Die über berufsaufsichtliche Maßnahmen entstandenen Vorgänge sind bei Fristablauf aus den über Berufsangehörige geführten Akten zu entfernen und zu vernichten. Nach Ablauf der Frist dürfen diese Maßnahmen bei weiteren berufsaufsichtlichen Maßnahmen nicht mehr berücksichtigt werden.

(2)   Die Frist beginnt mit dem Tag, an dem die berufsaufsichtliche Maßnahme unanfechtbar geworden ist. Für die Entfernung und Vernichtung beginnt die Frist mit dem auf das Jahr, in dem die berufsaufsichtliche Maßnahme unanfechtbar geworden ist, folgenden Jahr.

(3)   Die Frist endet nicht, solange gegen die Berufsangehörigen ein Strafverfahren, ein berufsaufsichtliches Verfahren oder ein Disziplinarverfahren schwebt, eine andere berufsaufsichtliche

Maßnahme berücksichtigt werden darf oder ein auf Geldbuße lautendes Urteil noch nicht vollstreckt ist.

(4)   Nach Ablauf der Frist gelten Berufsangehörige als von berufsaufsichtlichen Maßnahmen nicht betroffen.

(5)   Eintragungen über strafgerichtliche Verurteilungen oder über andere Entscheidungen in Verfahren wegen Straftaten, Ordnungswidrigkeiten oder der Verletzung von Berufspflichten, die nicht zu einer berufsaufsichtlichen Maßnahme geführt haben, sowie über Belehrungen der Wirtschaftsprüferkammer sind nach fünf Jahren zu tilgen. Absatz 1 Satz 3 und die Absätze 2 und 3 gelten entsprechend.

Fünfter Abschnitt

Anzuwendende Vorschriften

§ 127

Für die Berufsgerichtsbarkeit sind ergänzend das Gerichtsverfassungsgesetz und die Strafprozeßordnung sinngemäß anzuwenden.

Siebenter Teil

Vereidigte Buchprüfer und Buchprüfungsgesellschaften

§ 128 Berufszugehörigkeit und Berufsbezeichnung

(1)   Vereidigter Buchprüfer ist, wer nach den Vorschriften dieses Gesetzes als solcher anerkannt oder bestellt ist; wird ein vereidigter

Buchprüfer zum Wirtschaftsprüfer bestellt, so erlischt die Bestellung als vereidigter Buchprüfer. Buchprüfungsgesellschaften sind die nach den Vorschriften dieses Gesetzes anerkannten Buchprüfungsgesellschaften; wird eine Buchprüfungsgesellschaft als Wirtschaftsprüfungsgesellschaft anerkannt, so erlischt die Anerkennung als Buchprüfungsgesellschaft.

(2)   Vereidigte Buchprüfer haben im beruflichen Verkehr die Berufsbezeichnung "vereidigter Buchprüfer", Buchprüfungsgesellschaften die Bezeichnung "Buchprüfungsgesellschaft" zu führen. Frauen können die Berufsbezeichnung "vereidigte Buchprüferin" führen.

(3)   Vereidigte Buchprüfer und Buchprüfungsgesellschaften sind Mitglieder der Wirtschaftsprüferkammer. Im übrigen gilt § 58 Abs. 1 entsprechend.

§ 129 Inhalt der Tätigkeit

(1)   Vereidigte Buchprüfer haben die berufliche Aufgabe, Prüfungen auf dem Gebiet des betrieblichen Rechnungswesens, insbesondere Buch- und Bilanzprüfungen, durchzuführen. Sie können über das Ergebnis ihrer Prüfungen Prüfungsvermerke erteilen. Zu den Prüfungsvermerken gehören auch Bestätigungen und Feststellungen, die vereidigte Buchprüfer auf Grund gesetzlicher Vorschriften vornehmen. Zu den beruflichen Aufgaben des vereidigten Buchprüfers gehört es insbesondere, die Prüfung des Jahresabschlusses von mittelgroßen Gesellschaften mit beschränkter Haftung und Personenhandelsgesellschaften im Sinne des § 264a des Handelsgesetzbuchs (§ 267 Abs. 2 des Handelsgesetzbuchs) nach § 316 Abs. 1 Satz 1 des Handelsgesetzbuchs durchzuführen.

(2)   Vereidigte Buchprüfer sind befugt, ihre Auftraggeber in steuerlichen Angelegenheiten nach Maßgabe der bestehenden

Vorschriften zu beraten und zu vertreten. In Angelegenheiten, die das Abgabenrecht fremder Staaten betreffen, sind sie zur geschäftsmäßigen Hilfe in Steuersachen befugt; die entsprechenden Befugnisse Dritter bleiben unberührt.

(3) Vereidigte Buchprüfer sind weiter befugt

1. unter Berufung auf ihren Berufseid auf den Gebieten des betrieblichen Rechnungswesens als Sachverständige aufzutreten;

2. in wirtschaftlichen Angelegenheiten zu beraten und fremde Interessen zu wahren;

3. zur treuhänderischen Verwaltung.

§ 130 Anwendung von Vorschriften des Gesetzes

(1) Auf vereidigte Buchprüfer finden § 1 Abs. 2 und § 3 sowie die Bestimmungen des Dritten, Sechsten, Siebenten und Achten Abschnitts des Zweiten Teils und des Dritten, Fünften und Sechsten Teils entsprechende Anwendung. Im berufsgerichtlichen Verfahren gegen vereidigte Buchprüfer können vereidigte Buchprüfer und Wirtschaftsprüfer als Beisitzer berufen werden.

(2) Auf Buchprüfungsgesellschaften finden § 1 Absatz 3, § 3, die Bestimmungen des Dritten, Fünften, Sechsten, Siebten und Achten Abschnitts des Zweiten Teils und die Bestimmungen des Dritten Teils sowie § 71 Absatz 2 entsprechende Anwendung. Sobald die Zahl der gesetzlichen Vertreter (§ 28 Abs. 1), die Berufsangehörige sind, die Zahl der gesetzlichen Vertreter, die vereidigte Buchprüfer oder vereidigte Buchprüferinnen sind, übersteigt, ist der Antrag auf Anerkennung als Wirtschaftsprüfungsgesellschaft zu stellen, sofern die übrigen Anerkennungsvoraussetzungen insbesondere nach § 28 vorliegen. Die Anerkennung als Buchprüfungsgesellschaft ist zurückzunehmen oder zu widerrufen, wenn bei Vorliegen der Voraussetzungen des Absatzes 2

Satz 2 ein Antrag auf Anerkennung als Wirtschaftsprüfungsgesellschaft unterbleibt.

(3)   Die §§ 57a bis 57g gelten für die Qualitätskontrolle bei vereidigten Buchprüfern in eigener Praxis und Buchprüfungsgesellschaften entsprechend. Prüfer für Qualitätskontrolle können auch vereidigte Buchprüfer oder Buchprüfungsgesellschaften sein; sie können Qualitätskontrollen nur bei vereidigten Buchprüfern und Buchprüfungsgesellschaften durchführen. Für die Registrierung von vereidigten Buchprüfern oder Buchprüfungsgesellschaften gilt § 57a Abs. 3 entsprechend.

Achter Teil

EU- und EWR-Abschlussprüfungsgesellschaften

§ 131 Prüfungstätigkeit von EU- und EWR-Abschlussprüfungsgesellschaften

Eine EU- oder EWR-Abschlussprüfungsgesellschaft darf unter der Berufsbezeichnung ihres Herkunftsstaats Abschlussprüfungen nach § 316 des Handelsgesetzbuchs durchführen, wenn der für die jeweilige Prüfung verantwortliche Prüfungspartner im Sinne des § 319a Absatz 1 Satz 4 und Absatz 2 Satz 2 des Handelsgesetzbuchs gemäß den Vorgaben des Zweiten Abschnitts des Zweiten Teils oder dem Neunten Teil zugelassen ist. Entsprechendes gilt für sonstige Tätigkeiten nach § 2 Absatz 1 und 3 und Aufgaben, die Wirtschaftsprüfern oder Buchprüfern vorbehalten sind. Die EU- oder EWR-Abschlussprüfungsgesellschaft ist verpflichtet, sich nach § 131a registrieren zu lassen; soweit Abschlussprüfungen nach § 316 des Handelsgesetzbuchs durchgeführt werden, ist sie auch verpflichtet, ihre Tätigkeit nach § 57a Absatz 1 Satz 2 anzuzeigen.

§ 131a Registrierungsverfahren

EU- und EWR-Abschlussprüfungsgesellschaften, die nach § 131 tätig werden wollen, haben der Wirtschaftsprüferkammer zum Zwecke ihrer Registrierung die in § 38 Nummer 4 in Verbindung mit den Nummern 2 und 3 genannten Angaben mitzuteilen sowie eine Bescheinigung der zuständigen Stelle des Herkunftsstaats über ihre dortige Zulassung und Registrierung vorzulegen. Die Bescheinigung darf nicht älter als drei Monate sein. Die Wirtschaftsprüferkammer erkundigt sich bei der zuständigen Stelle des Herkunftsstaats, ob die Abschlussprüfungsgesellschaft dort zugelassen und registriert ist. Die Wirtschaftsprüferkammer informiert die zuständige Stelle des Herkunftsstaats über die Eintragung nach § 38 Nummer 4.

§ 131b Überwachung der EU- und EWR-Abschlussprüfungsgesellschaften

Soweit nichts anderes geregelt ist, unterliegen EU- und EWR-Abschlussprüfungsgesellschaften im Hinblick auf ihre Tätigkeiten nach § 131 Satz 1 und 2 den Vorschriften dieses Gesetzes, insbesondere denjenigen der Berufsaufsicht (§§ 61a bis 71) und der Berufsgerichtsbarkeit (§§ 71a bis 127). Hinsichtlich der Inspektionen und der sonstigen Qualitätssicherungsprüfungen im Sinne des Artikels 29 der Richtlinie 2006/43/EG unterliegen sie der Aufsicht des Herkunftsstaats. Die Abschlussprüferaufsichtsstelle arbeitet nach § 66c mit den zuständigen Stellen der Herkunftsstaaten und gegebenenfalls anderer Aufnahmestaaten zusammen.

§§ 131c bis 131f (weggefallen)

Neunter Teil

Eignungsprüfung als Wirtschaftsprüfer

§ 131g Zulassung zur Eignungsprüfung als Wirtschaftsprüfer

(1)   Eine Person, die in einem Mitgliedstaat oder in einem anderen Vertragsstaat des Abkommens über den Europäischen Wirtschaftsraum oder der Schweiz außerhalb des Geltungsbereichs dieses Gesetzes als Abschlussprüfer zugelassen ist, kann abweichend von den Vorschriften des Ersten und Zweiten Abschnitts des Zweiten Teils als Wirtschaftsprüfer bestellt werden, wenn sie eine Eignungsprüfung als Wirtschaftsprüfer abgelegt hat.

(2)   Über die Zulassung zur Eignungsprüfung entscheidet die Prüfungsstelle; der Antrag ist schriftlich oder elektronisch einzureichen. Die §§ 13 bis 13b finden entsprechende Anwendung.

§ 131h Eignungsprüfung als Wirtschaftsprüfer

(1)   Bewerber und Bewerberinnen, die zugelassen worden sind, legen die Eignungsprüfung vor der Prüfungskommission ab.

(2)   Bei der Eignungsprüfung wird überprüft, ob der Bewerber oder die Bewerberin über angemessene Kenntnisse der für die Abschlussprüfung relevanten Rechtsvorschriften der Bundesrepublik Deutschland verfügt. Die Eignungsprüfung muss dem Umstand Rechnung tragen, dass der Bewerber oder die Bewerberin in einem Mitgliedstaat der Europäischen Union oder in einem anderen Vertragsstaat des Abkommens über den Europäischen Wirtschaftsraum oder in der Schweiz über die beruflichen Voraussetzungen verfügt, die für die Zulassung zur Pflichtprüfung von

Jahresabschlüssen und anderer Rechnungsunterlagen in diesem Staat erforderlich sind.

(3)   Die Prüfung gliedert sich in eine schriftliche und eine mündliche Prüfung. Sie wird in deutscher Sprache abgelegt. Prüfungsgebiete sind durch Rechtsverordnung näher zu bestimmende Bereiche des Wirtschaftlichen Prüfungswesens (rechtliche Vorschriften), des Wirtschaftsrechts, des Steuerrechts und das Berufsrecht der Wirtschaftsprüfer.

(4)   (weggefallen)

§ 131i Anwendung des Berufsqualifikationsfeststellungsgesetzes

Das Berufsqualifikationsfeststellungsgesetz findet mit Ausnahme des § 17 keine Anwendung.

§ 131j (weggefallen)

§ 131k Bestellung

Auf die Bestellung der Personen, die die Prüfung nach § 131h bestanden haben, als Wirtschaftsprüfer findet der Dritte Abschnitt des Zweiten Teils entsprechende Anwendung.

§ 131l Rechtsverordnung

Das Bundesministerium für Wirtschaft und Energie wird ermächtigt, durch Rechtsverordnung für die Prüfung nach § 131h Bestimmungen zu erlassen über die Zusammensetzung der Prüfungskommission und die Berufung ihrer Mitglieder, die Einzelheiten der Prüfung, der Prüfungsgebiete und des Prüfungsverfahrens, insbesondere über die in § 14 bezeichneten Angelegenheiten, den Erlass von Prüfungsleistungen sowie die Zulassung zur Eignungsprüfung von Bewerbenden, welche die Voraussetzungen des Artikels 13 Absatz 2 der Richtlinie 2005/36/EG des Europäischen Parlaments und des Rates vom 7. September 2005 über die Anerkennung von Berufsqualifikationen (ABl. L 255 vom 30.9.2005, S. 22) in der jeweils geltenden Fassung erfüllen. Die Rechtsverordnung bedarf nicht der Zustimmung des Bundesrates.

§ 131m Bescheinigungen des Herkunftsmitgliedstaats

Soweit es für die Entscheidung über die Bestellung als Wirtschaftsprüfer der Vorlage oder Anforderung von

1.   Bescheinigungen oder Urkunden darüber, daß keine schwerwiegenden beruflichen Verfehlungen, Straftaten oder sonstige, die Eignung des Bewerbers für den Beruf des Wirtschaftsprüfers in Frage stellende Umstände bekannt sind,

2.   Bescheinigungen oder Urkunden darüber, daß sich der Bewerber nicht im Konkurs befindet,

3.   Bescheinigungen über die körperliche oder geistige Gesundheit,

4.   Führungszeugnissen

des Herkunftsmitgliedstaats bedarf, genügt eine Bescheinigung oder Urkunde im Sinne des Artikels 50 Absatz 1 in Verbindung mit Anhang VII Nummer 1 Buchstabe d und e der Richtlinie 2005/36/EG.

§ 131n (weggefallen)

Zehnter Teil

Straf- und Bußgeldvorschriften

§ 132 Verbot verwechslungsfähiger Berufsbezeichnungen; Siegelimitate

(1) Untersagt ist

1. das Führen der Berufsbezeichnung "Buchprüfer", "Bücherrevisor" oder "Wirtschaftstreuhänder" oder

2. das nach dem Recht eines anderen Staates berechtigte Führen der Berufsbezeichnungen "Wirtschaftsprüfer", "Wirtschaftsprüferin", "vereidigter Buchprüfer" oder "vereidigte Buchprüferin", ohne dass der andere Staat angegeben wird.

(2) Siegel dürfen nur im geschäftlichen Verkehr verwendet werden, wenn sie den Bestimmungen über die Gestaltung des Siegels nach Maßgabe der Berufssatzung nach § 48 Abs. 2 entsprechen.

(3) Ordnungswidrig handelt, wer

1. entgegen Absatz 1 Nr. 1 oder 2 eine Berufsbezeichnung führt oder

2. entgegen Absatz 2 ein Siegel verwendet.

(4) Die Ordnungswidrigkeit kann mit einer Geldbuße bis zu 5 000 Euro geahndet werden.

§ 133 Schutz der Bezeichnung "Wirtschaftsprüfungsgesellschaft" und "Buchprüfungsgesellschaft"

(1)   Ordnungswidrig handelt, wer die Bezeichnung "Wirtschaftsprüfungsgesellschaft oder "Buchprüfungsgesellschaft" oder eine einer solchen zum Verwechseln ähnliche Bezeichnung für eine Gesellschaft gebraucht, obwohl diese nicht als solche anerkannt ist.

(2)   Die Ordnungswidrigkeit kann mit einer Geldbuße bis zu 10 000 Euro geahndet werden.

(3)   (weggefallen)

§ 133a Unbefugte Ausübung einer Führungsposition bei dem geprüften Unternehmen

(1)   Ordnungswidrig handelt, wer entgegen § 43 Abs. 3 eine wichtige Führungsposition ausübt.

(2)   Die Ordnungswidrigkeit kann mit einer Geldbuße bis zu fünfzigtausend Euro geahndet werden.

§ 133b Unbefugte Verwertung fremder Betriebs- oder Geschäftsgeheimnisse

(1)   Mit Freiheitsstrafe bis zu zwei Jahren oder mit Geldstrafe wird bestraft, wer entgegen § 66b Abs. 2 ein fremdes Geheimnis verwertet.

(2)   Die Tat wird nur auf Antrag verfolgt.

§ 133c Unbefugte Offenbarung fremder Betriebs- oder Geschäftsgeheimnisse

(1)   Mit Freiheitsstrafe bis zu einem Jahr oder mit Geldstrafe wird bestraft, wer entgegen § 66b Abs. 2 ein fremdes Geheimnis offenbart.

(2)   Handelt der Täter gegen Entgelt oder in der Absicht, sich oder einen anderen zu bereichern oder einen anderen zu schädigen, ist die Strafe Freiheitsstrafe bis zu zwei Jahren oder Geldstrafe.

(3)   Die Tat wird nur auf Antrag verfolgt.

§ 133d Verwaltungsbehörde

Verwaltungsbehörde im Sinne des § 36 Absatz 1 Nummer 1 des Gesetzes über Ordnungswidrigkeiten ist für Ordnungswidrigkeiten nach § 132 Absatz 3, § 133 Absatz 1 und § 133a Absatz 1 die Wirtschaftsprüferkammer. Das Gleiche gilt für durch Mitglieder der Wirtschaftsprüferkammer im Sinne des § 58 Absatz 1 Satz 1 begangene Ordnungswidrigkeiten nach § 56 des Geldwäschegesetzes und nach § 6 der Dienstleistungs-Informationspflichten-Verordnung.

§ 133e Verwendung der Geldbußen

(1)   Die Geldbußen fließen in den Fällen von § 132 Absatz 3, § 133 Absatz 1, § 133a Absatz 1 sowie § 56 des Geldwäschegesetzes und § 6 der Dienstleistungs-Informationspflichten-Verordnung in die Kasse der Verwaltungsbehörde, die den Bußgeldbescheid erlassen hat.

(2)   Die nach Absatz 1 zuständige Kasse trägt abweichend von § 105 Absatz 2 des Gesetzes über Ordnungswidrigkeiten die notwendigen Auslagen. Sie ist auch ersatzpflichtig im Sinne des § 110 Absatz 4 des Gesetzes über Ordnungswidrigkeiten.

Elfter Teil

Übergangs- und Schlußvorschriften

§ 134 Anwendung von Vorschriften dieses Gesetzes auf Abschlussprüfer, Abschlussprüferinnen und Abschlussprüfungsgesellschaften aus Drittstaaten

(1)   Abschlussprüfer, Abschlussprüferinnen und Abschlussprüfungsgesellschaften aus Drittstaaten, bei denen keine Bestellung oder Anerkennung nach diesem Gesetz oder dem Recht eines anderen Mitgliedstaats der Europäischen Union oder eines anderen Vertragsstaats des Abkommens über den Europäischen Wirtschaftsraum vorliegt (Drittstaatsprüfer und Drittstaatsprüfungsgesellschaften), sind verpflichtet, sich nach den Vorschriften des Siebten Abschnitts des Zweiten Teils eintragen zu lassen, wenn sie beabsichtigen, den Bestätigungsvermerk für einen gesetzlich vorgeschriebenen Jahresabschluss oder Konzernabschluss einer Gesellschaft mit Sitz außerhalb der Europäischen Union und des Europäischen Wirtschaftsraums zu erteilen, deren übertragbare Wertpapiere zum Handel an einem geregelten Markt im Sinne von Artikel 4 Absatz 1 Nummer 14 der Richtlinie 2004/39/EG des Europäischen Parlaments und des Rates vom 21. April 2004 über Märkte für Finanzinstrumente, zur Änderung der Richtlinien 85/611/EWG und 93/6/EWG des Rates und der Richtlinie 2000/12/EG des Europäischen Parlaments und des Rates und zur Aufhebung der Richtlinie 93/22/EWG des Rates (ABl. L 145 vom 30.4.2004, S. 1) in der jeweils geltenden Fassung in Deutschland zugelassen sind. Die Pflicht, sich eintragen zu lassen, gilt nicht bei Bestätigungsvermerken für Gesellschaften, die ausschließlich zum Handel an einem geregelten Markt eines Mitgliedstaats der Europäischen Union zugelassene Schuldtitel im Sinne des Artikels 2 Absatz 1 Buchstabe b der Richtlinie

2004/109/EG des Europäischen Parlaments und des Rates vom 15. Dezember 2004 zur Harmonisierung der Transparenzanforderungen in Bezug auf Informationen über Emittenten, deren Wertpapiere zum Handel auf einem geregelten Markt zugelassen sind, und zur Änderung der Richtlinie 2001/34/EG (ABl. L 390 vom 31.12.2004, S. 38) in der jeweils geltenden Fassung begeben, wenn diese Schuldtitel

1. eine Mindeststückelung zu je 100 000 Euro oder einen am Ausgabetag entsprechenden Gegenwert einer anderen Währung aufweisen oder

2. eine Mindeststückelung zu je 50 000 Euro oder einen am Ausgabetag entsprechenden Gegenwert einer anderen Währung aufweisen und vor dem 31. Dezember 2010 begeben worden sind.

(2) Drittstaatsprüfungsgesellschaften können nur eingetragen werden, wenn

1. sie die Voraussetzungen erfüllen, die denen des Fünften Abschnitts des Zweiten Teils gleichwertig sind,

2. die Person, welche die Prüfung im Namen der Drittstaatsprüfungsgesellschaft durchführt, diejenigen Voraussetzungen erfüllt, die denen des Ersten Abschnitts des Zweiten Teils gleichwertig sind,

3. die Prüfungen nach den internationalen Prüfungsstandards und den Anforderungen an die Unabhängigkeit oder nach gleichwertigen Standards und Anforderungen durchgeführt werden und

4. sie auf ihrer Website einen jährlichen Transparenzbericht veröffentlichen, der die in Artikel 13 der Verordnung (EU) Nr.

537/2014 genannten Informationen enthält, oder sie gleichwertige Bekanntmachungsanforderungen erfüllen.

Entsprechendes gilt für Drittstaatsprüfer, wenn die Voraussetzungen entsprechend Absatz 1 und den Nummern 2 bis 4 vorliegen.

(2a)   Liegen die Voraussetzungen des Absatzes 1 und 2 vor, erteilt die Wirtschaftsprüferkammer dem eingetragenen Abschlussprüfer, der Abschlussprüferin oder der Abschlussprüfungsgesellschaft eine Eintragungsbescheinigung.

(3)   Die nach den Absätzen 1 und 2 eingetragenen Drittstaatsprüfer und Drittstaatsprüfungsgesellschaften unterliegen im Hinblick auf ihre Tätigkeit nach Absatz 1 den Vorschriften der Qualitätskontrolle (§§ 57a bis 57g), der Berufsaufsicht (§§ 61a bis 71) sowie der Berufsgerichtsbarkeit (§§ 71a bis 127). Von der Durchführung einer Qualitätskontrolle kann abgesehen werden, wenn in einem anderen Mitgliedstaat der Europäischen Union in den vorausgegangenen drei Jahren bereits eine Qualitätskontrolle bei dem Drittstaatsprüfer oder bei der Drittstaatsprüfungsgesellschaft durchgeführt worden ist. Satz 2 gilt entsprechend, wenn in einem Drittstaat in den vorangegangenen drei Jahren bereits eine Qualitätskontrolle bei dem Drittstaatsprüfer oder bei der Drittstaatsprüfungsgesellschaft durchgeführt worden ist, wenn die dortige Qualitätskontrolle aufgrund der Bewertung gemäß Absatz 4 als gleichwertig anerkannt wurde.

(4)   Von der Eintragung und deren Folgen nach Absatz 3 ist auf der Grundlage der Gegenseitigkeit abzusehen, wenn die in Absatz 1 Satz 1 genannten Personen und Gesellschaften in ihrem jeweiligen Drittstaat einer öffentlichen Aufsicht, einer Qualitätskontrolle sowie einer Berufsaufsicht unterliegen, die Anforderungen erfüllen, welche denen der in Absatz 3 genannten Vorschriften gleichwertig sind, oder wenn die Europäische Kommission dies für eine Übergangsfrist nach Artikel 46 Abs. 2 Satz 5 der Richtlinie 2006/43/EG vorsieht. Die in Satz 1

genannte Gleichwertigkeit wird von der Kommission der Europäischen Gemeinschaften in Zusammenarbeit mit den Mitgliedstaaten bewertet und festgestellt. Solange die Kommission der Europäischen Gemeinschaften noch keine Übergangsentscheidung nach Satz 1 oder Feststellung nach Satz 2 getroffen hat, kann das Bundesministerium für Wirtschaft und Energie die Gleichwertigkeit selbst bewerten und feststellen. Es wird bei der Bewertung die Bewertungen und Feststellungen anderer Mitgliedstaaten sowie diejenigen Kriterien berücksichtigen, die die Europäische Kommission auf der Grundlage des Artikels 46 Absatz 2 Unterabsatz 2 der Richtlinie 2006/43/EG in delegierten Rechtsakten bestimmt. Trifft das Bundesministerium für Wirtschaft und Energie eine solche Feststellung, macht es diese durch Veröffentlichung im Bundesanzeiger bekannt. Lehnt das Bundesministerium für Wirtschaft und Energie die Gleichwertigkeit im Sinn des Satzes 1 ab, kann es den in Absatz 1 Satz 1 genannten Personen und Gesellschaften für einen angemessenen Übergangszeitraum die Fortführung ihrer Prüfungstätigkeit im Einklang mit den einschlägigen deutschen Vorschriften gestatten. Die Feststellung und die Ablehnung der Gleichwertigkeit wird der Abschlussprüferaufsichtsstelle mitgeteilt, damit sie diese Entscheidung gemäß § 66c Absatz 6 berücksichtigen kann. Erfolgt nach Maßgabe dieses Absatzes keine Eintragung gemäß Absatz 1, so bestätigt die Wirtschaftsprüferkammer dies dem Abschlussprüfer, der Abschlussprüferin oder der Abschlussprüfungsgesellschaft auf Antrag schriftlich oder elektronisch.

(5)   Liegen die Voraussetzungen einer Eintragung im Sinne der Absätze 1 und 2 nicht mehr vor, erfolgt eine Löschung der Eintragung von Amts wegen.

§ 134a Übergangsregelung

(1) Wirtschaftsprüfer und vereidigte Buchprüfer, die am 31. Dezember 1989 bestellt sind, behalten ihre Bestellung, auch wenn sie die Voraussetzungen der am 1. Januar 1990 in Kraft tretenden Vorschriften des Artikels 6 des Bilanzrichtlinien-Gesetzes vom 19. Dezember 1985 (BGBl. I S. 2355) nicht erfüllen. Entsprechendes gilt für Wirtschaftsprüfungsgesellschaften und Buchprüfungsgesellschaften, die am 31. Dezember 1989 anerkannt sind. Die Anerkennung einer Wirtschaftsprüfungsgesellschaft und einer Buchprüfungsgesellschaft ist jedoch zu widerrufen, wenn sie nach dem 31. Dezember 1994 die Voraussetzungen des § 28 Abs. 2 und 3 in der ab 1. Januar 1990 geltenden Fassung nicht erfüllt.

(2) Wirtschaftsprüfungsgesellschaften und Buchprüfungsgesellschaften, die im Zeitpunkt des Inkrafttretens des Artikels 6 Nr. 6 Buchstabe b des Bilanzrichtlinien-Gesetzes anerkannt sind, bleiben anerkannt. Die Anerkennung einer solchen Wirtschaftsprüfungsgesellschaft oder Buchprüfungsgesellschaft ist von der Wirtschaftsprüferkammer zu widerrufen, wenn nach dem 31. Dezember 1987 bei der Wirtschaftsprüfungsgesellschaft oder Buchprüfungsgesellschaft der Bestand der Gesellschafter oder das Verhältnis ihrer Beteiligungen oder Stimmrechte durch Rechtsgeschäft oder auf Grund Erbfalls verändert und dabei § 28 Abs. 4 nicht beachtet wird. § 34 Abs. 1 Nr. 2 ist entsprechend anzuwenden.

(3) (weggefallen)

(4) (weggefallen)

§ 135 (weggefallen)

§ 136 Übergangsregelung für § 57a

(1)   Berufsangehörige und Wirtschaftsprüfungsgesellschaften, die über eine wirksame Teilnahmebescheinigung oder Ausnahmegenehmigung nach dem bis zum 16. Juni 2016 geltenden § 57a Absatz 1 verfügen, werden von Amts wegen als gesetzliche Abschlussprüfer nach § 38 Nummer 1 Buchstabe h oder Nummer 2 Buchstabe f in das Register eingetragen. Ebenso werden genossenschaftliche Prüfungsverbände, die über eine wirksame Teilnahmebescheinigung oder Ausnahmegenehmigung nach dem bis zum 16. Juni 2016 geltenden § 57a Absatz 1 in Verbindung mit § 63g Absatz 2 Satz 1 des Genossenschaftsgesetzes verfügen, von Amts wegen nach § 40a Absatz 1 Satz 1 in das Register eingetragen. Die Anzeigepflicht nach § 57a Absatz 1 Satz 2 und 3 entfällt.

(2)   Berufsangehörige und Wirtschaftsprüfungsgesellschaften, die am 16. Juni 2016 über eine bis zum 31. Juli 2017 befristete Teilnahmebescheinigung oder Ausnahmegenehmigung nach dem bis zum 16. Juni 2016 geltenden § 57a Absatz 1 Satz 2 und Absatz 6 Satz 7 verfügen, haben die Qualitätskontrolle bis zum Ende dieser Frist durchzuführen und den Qualitätskontrollbericht einzureichen.

(3)   Der erste Nachweis der speziellen Fortbildung nach § 57a Absatz 3a Satz 2 Nummer 4 ist spätestens bis zum 16. Juni 2019 zu führen.

§ 136a (weggefallen)

-

§ 137 Übergangsregelung für § 57 Abs. 4 Nr. 1 Buchstabe e und i

Solange die Wirtschaftsprüferkammer die Vorschriften über das Siegel und die Vorschriften über die Berufshaftpflichtversicherung nach § 57

Abs. 4 Nr. 1 Buchstabe e und i nicht in die Berufssatzung aufgenommen hat und soweit sich aus diesem Gesetz nichts anderes ergibt, ist das am 5. September 2007 geltende Recht anzuwenden.

§ 137a (weggefallen)

§ 138 Behandlung schwebender Verfahren

(1)   Verfahren bei der Abschlussprüferaufsichtskommission, die am 16. Juni 2016 noch nicht abgeschlossen sind, gehen auf die Abschlussprüferaufsichtsstelle über. Die Vorgänge sind der Abschlussprüferaufsichtsstelle zuzuleiten.

(2)   Verfahren bei der Wirtschaftsprüferkammer, die am 16. Juni 2016 noch nicht abgeschlossen sind, gehen auf die Abschlussprüferaufsichtsstelle über, soweit die Zuständigkeit für diese Verfahren nach der vom 17. Juni 2016 an geltenden Fassung dieses Gesetzes nicht mehr bei der Wirtschaftsprüferkammer, sondern bei der Abschlussprüferaufsichtsstelle liegt. Die Vorgänge sind der Abschlussprüferaufsichtsstelle zuzuleiten.

(3)   Auf berufsgerichtliche Verfahren, die am 16. Juni 2016 noch nicht rechtskräftig abgeschlossen sind, ist dieses Gesetz in der bis zum 16. Juni 2016 geltenden Fassung anzuwenden.

§ 139 (weggefallen)

§ 139a Übergangsregelung zur Behandlung schwebender Anträge und Verfahren im Rahmen des Zulassungs- und Prüfungsverfahrens nach den bis zum 31. Dezember 2003 geltenden §§ 131 bis 131d, 131i und 131j

(1)	Anträge auf Zulassung zur Prüfung als vereidigter Buchprüfer oder vereidigte Buchprüferin nach den bis zum 31. Dezember 2003 geltenden §§ 131 bis 131d und auf Zulassung zur Eignungsprüfung nach den bis zum 31. Dezember 2003 geltenden §§ 131i und 131j, die nicht für eine Wiederholungsprüfung gestellt werden, müssen bis spätestens 31. Dezember 2004 formgerecht eingereicht werden; sie sind nach dem bis zum 31. Dezember 2003 geltenden Recht zu behandeln. Die Zuständigkeiten nach § 139 bleiben hiervon unberührt; für Zulassungs- und Prüfungsverfahren, die ab 1. Januar 2004 beginnen, gelten die Zuständigkeiten nach § 5 entsprechend.

(2)	Die dem Zulassungsverfahren gemäß Absatz 1 nachfolgenden Prüfungen sind nach dem bis zum 31. Dezember 2003 geltenden Recht durchzuführen.

(3)	Die Prüfungen müssen bis spätestens 31. Dezember 2006 abgelegt sein. Dieselbe Frist gilt für die den Prüfungen nachfolgenden Rücktrittsfolge- und Wiederholungsprüfungen nach den bis zum 31. Dezember 2003 geltenden §§ 20 und 21 der Prüfungsordnung für Wirtschaftsprüfer und nach den bis zum 31. Dezember 2003 geltenden §§ 11 und 12 der Prüfungsordnung für die Eignungsprüfung nach dem Achten Teil der Wirtschaftsprüferordnung; nach Ablauf der Frist besteht kein Anspruch mehr auf deren Durchführung.

(4)	Hat eine Person die Prüfung als vereidigter Buchprüfer oder vereidigte Buchprüferin abgelegt, eine Bestellung aber noch nicht erhalten, so muss die Bestellung bis spätestens ein Jahr nach

Prüfungsablegung beantragt werden. In Härtefällen kann die Wirtschaftsprüferkammer auf Antrag Ausnahmen gewähren.

§ 139b Übergangsregelung für den bis zum 31. Dezember 2003 geltenden § 51a

(1)　Die regelmäßige Verjährungsfrist nach § 195 des Bürgerlichen Gesetzbuchs findet auf die am 1. Januar 2004 bestehenden und noch nicht verjährten Ansprüche des Auftraggebers auf Schadensersatz aus dem zwischen ihm und dem Wirtschaftsprüfer bestehenden Vertragsverhältnis Anwendung.

(2)　Die regelmäßige Verjährungsfrist nach § 195 des Bürgerlichen Gesetzbuchs wird vom 1. Januar 2004 an berechnet. Läuft jedoch die bis zu diesem Tag geltende Verjährungsfrist des § 51a früher als die regelmäßige Verjährungsfrist nach § 195 des Bürgerlichen Gesetzbuchs ab, so ist die Verjährung mit dem Ablauf der bis zu diesem Tag geltenden Verjährungsfrist des § 51a vollendet.

§ 140 (weggefallen)

§ 141 Inkrafttreten

(1)　Dieses Gesetz tritt am ersten Kalendertag des vierten auf seine Verkündung folgenden Kalendermonats in Kraft.

(2)　Die §§ 14, 48, 54, 131 Abs. 4 treten am Tage der Verkündung in Kraft.

Anlage (zu § 122 Satz 1)

Gebührenverzeichnis

(Fundstelle: BGBl. I 2016, 546 - 548)

Gliederung

Abschnitt 1

Verfahren vor dem Landgericht

Unterabschnitt 1	Verfahren über Anträge auf berufsgerichtliche Entscheidung
Unterabschnitt 2	Verfahren über Anträge auf Entscheidung des Gerichts

Abschnitt 2

Verfahren vor dem Oberlandesgericht

Unterabschnitt 1	Berufung
Unterabschnitt 2	Beschwerde

Abschnitt 3

Verfahren vor dem Bundesgerichtshof

Unterabschnitt 1	Revision
Unterabschnitt 2	Beschwerde

Abschnitt 4

Rüge wegen Verletzung des Anspruchs auf rechtliches Gehör

Abschnitt 5

Verfahren über den Antrag auf Aufhebung eines vorläufigen Tätigkeits- oder Berufsverbots nach § 120 der Wirtschaftsprüferordnung

Nr.	Gebührentatbestand	Gebühren-betrag oder Satz der jeweiligen Gebühr 110 bis 114

Vorbemerkung:

(1) In Verfahren über Anträge auf berufsgerichtliche Entscheidung werden, soweit nichts anderes bestimmt ist, Gebühren nur erhoben, soweit auf Zurückweisung des Antrags auf berufsgerichtliche Entscheidung oder auf Verurteilung zu einer oder mehrerer der in § 68 Abs. 1 und § 68a der Wirtschaftsprüferordnung genannten Maßnahmen entschieden wird. Die Gebühren bemessen sich nach der rechtskräftig verhängten Maßnahme, die Gegenstand der Entscheidung im Sinne des Satzes 1 ist. Maßgeblich ist die Maßnahme, für die die höchste Gebühr bestimmt ist.

(2) Im Rechtsmittelverfahren ist Absatz 1 entsprechend anzuwenden.

(3) Wird ein Antrag auf berufsgerichtliche Entscheidung, ein Antrag auf Entscheidung des Gerichts oder ein Rechtsmittel nur teilweise verworfen oder zurückgewiesen, so hat das Gericht die Gebühr zu ermäßigen, soweit es unbillig wäre, den Berufsangehörigen damit zu belasten.

(4) Im Verfahren nach Wiederaufnahme werden die gleichen Gebühren wie für das wiederaufgenommene Verfahren erhoben. Wird jedoch nach Anordnung der Wiederaufnahme des Verfahrens das frühere Urteil aufgehoben, gilt für die Gebührenerhebung jeder Rechtszug des neuen Verfahrens mit dem jeweiligen Rechtszug des früheren Verfahrens zusammen als ein Rechtszug. Gebühren werden auch für Rechtszüge erhoben, die nur im früheren Verfahren stattgefunden haben.

Nr.	Gebührentatbestand	Gebühren-betrag oder Satz der jeweiligen Gebühr 110 bis 114
	Abschnitt 1	
	Verfahren vor dem Landgericht	
	Unterabschnitt 1	
	Verfahren über Anträge auf berufsgerichtliche Entscheidung	
	Verfahren mit Urteil bei	
110	– Erteilung einer Rüge nach § 68 Abs. 1 Satz 2 Nr. 1 oder einer Feststellung nach § 68 Abs. 1 Satz 2 Nr. 7 der Wirtschaftsprüferordnung jeweils	160,00 €
111	– Verhängung einer Geldbuße nach § 68 Abs. 1 Satz 2 Nr. 2 der Wirtschaftsprüferordnung	240,00 €
112	– Verhängung eines Tätigkeitsverbots nach § 68 Abs. 1 Satz 2 Nr. 3 oder Nr. 4 oder eines Berufsverbots nach § 68 Abs. 1 Satz 2 Nr. 5 der Wirtschaftsprüferordnung jeweils	360,00 €
113	– Ausschließung aus dem Beruf nach § 68 Abs. 1 Satz 2 Nr. 6 der Wirtschaftsprüferordnung	480,00 €

Nr.	Gebührentatbestand	Gebühren-betrag oder Satz der jeweiligen Gebühr 110 bis 114
114	– Erlass einer Untersagungsverfügung nach § 68a der Wirtschaftsprüferordnung	60,00 €
115	Zurückweisung des Antrags auf berufsgerichtliche Entscheidung durch Beschluss nach § 86 Abs. 1 der Wirtschaftsprüferordnung	0,5
116	Zurücknahme des Antrags auf berufsgerichtliche Entscheidung vor Beginn der Hauptverhandlung	0,25
	Die Gebühr bemisst sich nach der Maßnahme, die Gegenstand des Verfahrens war. Maßgeblich ist die Maßnahme, für die die höchste Gebühr bestimmt ist.	
117	Zurücknahme des Antrags auf berufsgerichtliche Entscheidung nach Beginn der Hauptverhandlung	0,5
	Die Gebühr bemisst sich nach der Maßnahme, die Gegenstand des Verfahrens war. Maßgeblich ist die Maßnahme, für die die höchste Gebühr bestimmt ist.	

Nr.	Gebührentatbestand	Gebühren-betrag oder Satz der jeweiligen Gebühr 110 bis 114
	Unterabschnitt 2	
	Verfahren über Anträge auf Entscheidung des Gerichts	
	Vorbemerkung 1.2:	
	(1) Die Gebühren entstehen für jedes Verfahren gesondert.	
	(2) Ist in den Fällen der Nummern 120 und 123 das Zwangs- oder Ordnungsgeld geringer als die Gebühr, so ermäßigt sich die Gebühr auf die Höhe des Zwangs- oder Ordnungsgeldes.	
120	Verfahren über einen Antrag auf Entscheidung des Gerichts über die Androhung oder die Festsetzung eines Zwangsgeldes nach § 62a Abs. 3 Satz 1 der Wirtschaftsprüferordnung: Der Antrag wird verworfen oder zurückgewiesen ………	160,00 €
121	Verfahren über einen Antrag auf Entscheidung des Gerichts über eine vorläufige Untersagungsverfügung nach § 68b Satz 4 i. V. m. § 62a Abs. 3 Satz 1 der Wirtschaftsprüferordnung: Der Antrag wird verworfen oder zurückgewiesen ………	100,00 €
122	Verfahren über einen Antrag auf Entscheidung	

Nr.	Gebührentatbestand	Gebühren-betrag oder Satz der jeweiligen Gebühr 110 bis 114
	des Gerichts über die Verhängung eines Ordnungsgeldes nach § 68c Abs. 2 i. V. m. § 62a Abs. 3 Satz 1 der Wirtschaftsprüferordnung: Der Antrag wird verworfen oder zurückgewiesen	360,00 €
123	Verfahren über einen Antrag auf Entscheidung des Gerichts über die Notwendigkeit der Zuziehung eines Bevollmächtigten nach § 68 Abs. 6 Satz 4 der Wirtschaftsprüferordnung: Der Antrag wird verworfen oder zurückgewiesen	100,00 €

Abschnitt 2

Verfahren vor dem Oberlandesgericht

Unterabschnitt 1

Berufung

Nr.	Gebührentatbestand	Satz
210	Berufungsverfahren mit Urteil	1,5
211	Erledigung des Berufungsverfahrens ohne Urteil	0,5
	Die Gebühr bemisst sich nach der Maßnahme,	

Nr.	Gebührentatbestand	Gebühren-betrag oder Satz der jeweiligen Gebühr 110 bis 114
	die Gegenstand des Verfahrens war. Maßgeblich ist die Maßnahme, für die die höchste Gebühr bestimmt ist. Die Gebühr entfällt bei Zurücknahme der Berufung vor Ablauf der Begründungsfrist.	
	Unterabschnitt 2	
	Beschwerde	
220	Verfahren über eine Beschwerde gegen die Verwerfung eines Antrags auf berufsgerichtliche Entscheidung (§ 86 Abs. 1 der Wirtschaftsprüferordnung): Die Beschwerde wird verworfen oder zurückgewiesen	1,0
221	Verfahren über eine Beschwerde gegen den Beschluss, durch den ein vorläufiges Tätigkeits- oder Berufsverbot verhängt wurde, nach § 118 Abs. 1 der Wirtschaftsprüferordnung: Die Beschwerde wird verworfen oder zurückgewiesen	250,00 €
222	Verfahren über sonstige Beschwerden im berufsgerichtlichen Verfahren, die nicht nach	

Nr.	Gebührentatbestand	Gebühren-betrag oder Satz der jeweiligen Gebühr 110 bis 114
	anderen Vorschriften gebührenfrei sind: Die Beschwerde wird verworfen oder zurückgewiesen ……….	50,00 €
	Von dem Berufsangehörigen wird eine Gebühr nur erhoben, wenn gegen ihn rechtskräftig eine der in § 68 Abs. 1 und § 68a der Wirtschaftsprüferordnung genannten Maßnahmen verhängt worden ist.	

Abschnitt 3

Verfahren vor dem Bundesgerichtshof

Unterabschnitt 1

Revision

Nr.	Gebührentatbestand	
310	Revisionsverfahren mit Urteil oder mit Beschluss nach § 107a Abs. 3 Satz 1 der Wirtschaftsprüferordnung i. V. m. § 349 Abs. 2 oder Abs. 4 StPO ……….	2,0
311	Erledigung des Revisionsverfahrens ohne Urteil und ohne Beschluss nach § 107a Abs. 3 Satz 1 der Wirtschaftsprüferordnung i. V. m. § 349 Abs. 2	1,0

Nr.	Gebührentatbestand	Gebühren-betrag oder Satz der jeweiligen Gebühr 110 bis 114
	oder Abs. 4 StPO	
	Die Gebühr bemisst sich nach der Maßnahme, die Gegenstand des Verfahrens war. Maßgeblich ist die Maßnahme, für die die höchste Gebühr bestimmt ist. Die Gebühr entfällt, wenn die Revision vor Ablauf der Begründungsfrist zurückgenommen wird.	
	Unterabschnitt 2	
	Beschwerde	
320	Verfahren über die Beschwerde gegen die Nichtzulassung der Revision nach § 107 Abs. 3 Satz 1 der Wirtschaftsprüferordnung: Die Beschwerde wird verworfen oder zurückgewiesen	1,0
321	Verfahren über eine Beschwerde gegen den Beschluss, durch den ein vorläufiges Tätigkeits- oder Berufsverbot verhängt wurde, nach § 118 Abs. 1 der Wirtschaftsprüferordnung: Die Beschwerde wird verworfen oder zurückgewiesen	300,00 €

Nr.	Gebührentatbestand	Gebühren-betrag oder Satz der jeweiligen Gebühr 110 bis 114
322	Verfahren über sonstige Beschwerden im berufsgerichtlichen Verfahren, die nicht nach anderen Vorschriften gebührenfrei sind: Die Beschwerde wird verworfen oder zurückgewiesen	50,00 €
	Von dem Berufsangehörigen wird eine Gebühr nur erhoben, wenn gegen ihn rechtskräftig eine der in § 68 Abs. 1 und § 68a der Wirtschaftsprüferordnung genannten Maßnahmen verhängt worden ist.	

Abschnitt 4

Rüge wegen Verletzung des Anspruchs auf rechtliches Gehör

400	Verfahren über die Rüge wegen Verletzung des Anspruchs auf rechtliches Gehör: Die Rüge wird in vollem Umfang verworfen oder zurückgewiesen	50,00 €

Nr.	Gebührentatbestand	Gebühren-betrag oder Satz der jeweiligen Gebühr 110 bis 114
	Abschnitt 5	
	Verfahren über den Antrag auf Aufhebung eines vorläufigen Tätigkeits- oder Berufsverbots nach § 120 der Wirtschaftsprüferordnung	
500	Verfahren über den Antrag auf Aufhebung eines vorläufigen Tätigkeits- oder Berufsverbots nach § 120 Abs. 3 Satz 1 der Wirtschaftsprüferordnung: Der Antrag wird in vollem Umfang verworfen oder zurückgewiesen	50,00 €

Printed in Poland
by Amazon Fulfillment
Poland Sp. z o.o., Wrocław